責任型思維

楊宗華 著

從態度到結果的
成功哲學

習慣養成 × 左腦意識 × 專注細節 × 主動思考
九大核心概念，探討成功者的必備修養

成功的內在動力為何？
以「責任」為本的核心精神！

夢想、行動、成果……
從西點軍校到 Apple，探討企業「責任文化」的深層意義

目 錄

前言 　　　　　　　　　　　　　　　　　　005

第一章　勇於擔當，共築夢想　　　　　　　009

第二章　責任比能力更重要　　　　　　　　019

第三章　對工作負責就是對自己負責　　　　045

第四章　自動自發，讓責任成為習慣　　　　065

第五章　關鍵在責任，重點是實踐　　　　　083

第六章　左腦責任意識，右腦網絡思維　　　101

第七章　人人負責，打造正能量團隊　　　　121

第八章　高效落實，對結果負責　　　　　　141

第九章　愛企如家，做企業的主人　　　　　161

目錄

前言

前言

責任是信念之基，是力量之源。每個人都要勇於擔當責任，在各自的工作職位上奮發有為，腳踏實地，努力工作，攻堅克難。責在人先，利居眾後，挺身而出，勇於擔當。

每個人都擔當好自己的責任，就能達成國家富強。每個人的工作成果，都與夢想密切相關。企業家產業報國，勇於創新、引領潮流，將公司設立世界各地；企業員工盡忠職守，工作認真、踏實，與企業同甘苦、共進退；太空人、科學家等各行各業的人心繫國家、全力以赴，從而以實際行動來追逐並達成國家富強。

如果我們探究一下美國夢，可以發現，美國夢的實現也貫穿著責任。培養美國企業家的搖籃西點軍校，其校訓是「責任、榮譽、國家」。而培養出 100 多位世界 CEO 的奇異公司（General Electric Company, GE），更是把價值觀作為人才考核的基本標準。責任比能力、智慧更重要，世界上最優秀的公司微軟（Microsoft）、蘋果（Apple）等都把責任排在能力的前面。

當前世界經濟波詭雲譎，許多經濟也面臨轉型更新等諸多的難題，企業需要適應世界經濟的緩慢成長並發現新的商機，企業員工更需要能夠忍受這個陣痛，與企業一道共同面對經營壓力並幫助企業走出當前困境。

綜觀世界商業文明史，危機是挑戰更是機遇。每一次困境都是走向下一次輝煌的起飛，世界優秀企業 IBM、奇異、福特（Ford）等企業每一次都能承受考驗走出困境，成就新的輝煌，也成就了郭士納（Louis Gerstner Jr.）、傑克‧威爾許（Jack Welch）等優秀企業家。

日本企業家稻盛和夫說：「做企業，九死一生。苦，才是人生；苦，才是工作。」沒有不流淚的人生，更沒有不流汗的工作。成功的關鍵在於實踐。無論是改變世界的賈伯斯（Steve Jobs）還是任何一個不知名的小人物，只有兢兢業業、踏踏實實地工作，才能把小事做好，將細節完善。

責任不僅僅是人生的哲學，更應該是工作的踐行。工作作風、行動力等都是責任感展現。責任更應該成為一種結果，每個優秀的職場人士都必須對自己的工作負責，對企業的效益負責。

本書精選了當前世界一流企業蘋果、三星、Google 等優秀企業的案例，以及優秀企業家的成功經驗，讓我們學會承擔責任、不負使命、創造精采人生！

前言

第一章

勇於擔當,共築夢想

第一章　勇於擔當，共築夢想

責任是一種人生使命

責任，從本質上來說，是一種與生俱來的使命，每一個生命自來到這個世界起，就擔負起了這種使命。當你成為社會中一分子的時候，你身上就有了不可推卸的責任——對父母、配偶、兒女、朋友、工作、社會等的責任。

責任的使命伴隨著每一個生命的始終。從根本上講，任何一項事業的背後，必然存在著一種無形的精神力量，這種力量使得我們勇於承擔責任。

使命就是指我們所要奉行的命令和所要擔當的任務，使命感會促使我們採取行動，實現理想。因此，當我們視工作為生命中必須完成的重要任務時，我們就更容易在自己的職位上發光發熱，盡職盡責。

事實上，只有那些能夠勇於承擔責任的人，才有可能被賦予更多的使命，才有資格獲得更大的榮譽。一個缺乏責任感的人，或者一個不負責任的人，首先失去的是社會對自己的基本認可，其次失去了別人對自己的信任與尊重，甚至也失去了自身的立命之本——信譽和尊嚴。

責任是一種人生使命

　　工作呼喚責任，工作意味著肩負責任。在工作中，無論處在什麼樣的職位上，每一個員工都應該嚴格要求自己，勇敢地擔負起屬於自己的那份責任，全力以赴，做到最好，只有這樣才算是真正履行了職責，完成了使命。

　　美國總統歐巴馬就職演講呼籲：這是個要負責的新時代，這個時代不是逃避責任，而是要擁抱責任！

　　無論何時何地，無論何種原因，這世界你最應該做的就是提升自己，承擔自己的責任，完成自己的使命。

第一章　勇於擔當，共築夢想

一個稱呼代表一份責任

　　字典這樣定義責任：分內應做的事。寥寥數字，大有乾坤：「分」是自己的角色和職位，「內」表示界限和範圍，「應」即理所當然、責無旁貸，「做」就是要費心費力去完成，「事」就是自己的工作和職責。

　　美國著名學者馬斯洛說過：音樂家作曲，畫家作畫，詩人寫詩，只有如此方能心安理得。任何身分都會有不同身分所賦予的責任感：妻子要有相夫教子的責任感；丈夫要有能讓全家過上幸福日子的責任感；公民要有幫助自己的國家富強美好的責任感；官員要有為國家做事、為百姓謀福的責任感等。

　　社會上每個人的職位不同，職責也有所差異，但不同的職位對每個人都有一個共同的要求，那就是：稱呼是什麼，責任就是什麼；職位在哪裡，責任就在哪裡。

　　某集團總裁曾說：「一旦你踏上一個職位，即是你選擇了一份責任，擁有了一份使命。你就應承擔職位賦予你的責任，按時且符合品質完成你負責的工作，對所做工作的結果

一個稱呼代表一份責任

負責,盡量避免讓上司收拾爛攤子。不要輕易推諉卸責,自己的孩子自己管好。」

有人曾這樣說過:為人女,為人妻,為人母,這些都是生命中的必然,是成長到每一個人生階段時必然要扮演的角色,由不得自己去選擇,這些都屬於「第一角色」──家庭角色;然後,立足於世上,有一個屬於自己的職業定位,或從政,或經商,或為人師,這些都屬於「第二角色」──職業角色。

所謂的職業角色就是工作所扮演的角色、所承擔的責任。工作責任應該包括兩個層次:第一個層次就是基本的工作職責、工作責任意識,根據各自不同的職位分工完成工作任務;而第二個層次上的責任對自己工作的角色能夠有一個全面深刻的認知,認知到本職工作的性質、功能、價值等,這可以說是一種意識上的責任。

一個職位就是一份責任,沒有不需要完成任務的工作,也沒有不需要承擔責任的職位。我們為工作盡責,就是要主動爭取做得更多,承擔更多;我們為工作盡責,就是要全力以赴,滿腔熱情地做事;我們為工作盡責,就是為企業分憂解難,用心履職。不論你是決策層、管理層,還是執行層,你都是企業的一分子,你的肩上就扛著企業興衰成敗的責任。

第一章　勇於擔當，共築夢想

　　沒有責任感的軍官不是合格的軍官，沒有責任感的員工不是優秀的員工。責任感是簡單而無價的。工作就意味著責任，我們要將責任根植於內心，讓它成為我們腦海中一種強烈的意識。

　　可以這樣說，我們每個人的工作成績都是我們用責任心製成的雕像，是美麗還是醜陋，是可愛還是可憎，都是我們自己親手打造出來的。一個人工作時，如果能以生生不息的精神、火焰般的責任感，充分發揮自己的特長，那麼不論所做的工作怎樣，都不會覺得苦和累。

　　我們要時常提醒自己：我選擇工作的同時也選擇了責任。當一個人懷著宗教般的虔誠去對待生活和工作時，他是能夠感受到責任所帶來的力量的。面對你的職業、你的職位，請時刻記住，這就是你的工作，不要忘記你的責任。

企業的本質是責任文化

企業的本質是責任文化

傳統的企業本質就是「營利或賺錢」，現在普遍理解的企業本質除了營利以外，更重要的是責任。

有了責任感，公司中每個層級的員工才會各司其職，同時他們也將展示出主角精神，為自己也為公司取得真正的進步。

美國阿拉里斯醫療系統公司（Alaris Medical Systems）是世界頂尖的醫療器材公司之一，它生產並銷售這一行業內最知名的產品。但當初 CEO 戴夫．施洛特貝克（Dave Schlotterbeck）接手時，在華爾街背負著「想法絕妙但難以付諸行動」的惡名。

一天午餐時間，戴夫．施洛特貝克和一位市場部經理談論起公司的困境。他們邊走邊談，話題逐漸從公司績效轉向那些不管公司境況如何都能發揮作用的員工。戴夫突然領悟到：如果阿拉里斯醫療系統公司沒有這些人才，情況將會多麼可怕，而如果每個員工都是負責任的，公司前景一片光明。

他開始思考他們是否可以從困境中逆轉。仔細考慮與市

第一章　勇於擔當，共築夢想

場部經理的談話後，他得出了一個肯定的結論：為了提升績效，阿拉里斯醫療系統公司需要一種新的文化，一種能夠持續產生有高度責任感的員工的文化。

最終戴夫做了一個明智的決定：停止一切向財務業績看齊的做法。戴夫開始將公司定位為：一個富有革新精神，具有高度責任感的能夠提升病人的安全度、防止醫療事故的企業。最終，顧客更願意選阿拉里斯生產的產品，因為阿拉里斯已經把它的品牌打造為能夠確保病人安全的黃金標準。

這種轉變深刻地影響著整個行業，從而使公司擺脫了困境。在短短 3 年時間裡，公司的股票價格從每股 31 美分上漲到每股 22.35 美元，年收入成長率高達 15%，此後，阿拉里斯被位列全球財富 20 強的美國卡地納健康集團（Cardinal Health）收購，並最終成為卡地納健康集團的核心。

堅守責任，利潤反而來得更快，越來越多的企業堅信：增強個人和團隊的責任感，對提升經營成效和公司士氣作用很大。不幸的是，在很多公司，只有當問題發生時，人們才開始意識到責任感的重要性。

某啤酒集團管理者認為，責任對一個人而言，展現的是社會品格，企業是主體公民，同樣承擔著責任。「人的責任是多元的，企業的責任也是多元的，包括對國家、股東、員工、合作夥伴的責任等各方面。企業責任的主體意識透過什

企業的本質是責任文化

麼實現呢？我認為是透過企業文化來展現的。換句話說，責任文化是企業的核心競爭力。」

企業如果不建立一種負責任的企業文化，讓你的員工對自己的行為、後續行為和價值觀負責，那麼這可能很快就會影響你的公司業績。

另一位電器公司總裁表示：「是責任和企業文化的力量促使員工以廠為家，形成強大的凝聚力，從而確保了企業不斷創新、發展，給予消費者及社會大眾福祉。只有忠誠於企業的人才，才能確保企業發展，才能確保技術、管理、行銷創新。」

企業管理者應首先從自身做起，以自身的正確行為來示範傳導責任。企業只有建立以「責任」為導向的企業文化，才有執行力、競爭力、業績可言。

第一章　勇於擔當，共築夢想

第二章

責任比能力更重要

第二章　責任比能力更重要

承擔責任是一種能力

　　一個員工能力再強,如果不願意付出,就無法為企業創造任何價值。而一個願意為企業全身心付出的員工,即使能力稍遜一籌,也有可能為企業贏得最大的利益。

　　在微軟,責任貫穿於員工們的全部行動。責任在這裡不僅僅是一種品德,更是一種能力,而且是其他所有能力的統帥與核心。

　　微軟創始人比爾蓋茲曾對他的員工說:「人可以不偉大,但不可以沒有責任心。」這句話很簡單,也很實在。

　　在微軟,公司要求每一個部門、每一個員工都要有自己明確的目標,除了針對目標、結果負責外,公司更需要在決策方面有負責的框架。在微軟的「決策制定框架」下,每一項重要決策都有一定的制定流程和人員角色劃分。

　　每一個決策流程的推動人很自然地就是決策的責任人。對該決策有支持和認可權利的人是決策的審批者。對該決策進行核查、提出支持或反對意見的人是決策的複核者。在整個決策流程中,雖然複核者可提出反對意見,但審批者仍擁

承擔責任是一種能力

有決策的最終決定權。有了這樣的框架，公司的決策流程更加清晰，人員責任更加明確，決策不會被輕易拖延或推翻，其執行效率也大大提升。

正是基於這一系列責任文化，才成就了微軟一流的執行力，打造出了聲名顯赫、富可敵國的微軟商業帝國。

微軟公司是全球軟體行業的先驅，它在技術上的突破一度影響和改變著我們的生活，IT從業者以進入微軟為榮，企業以微軟為偶像。微軟之所以具有如此巨大的影響力，是與其對員工責任心的要求分不開的。

一個人只有具有高度的責任感，才能在執行中勇於負責，在每一個環節中力求完美，重質重量地完成計畫或任務。所以微軟非常重視對員工責任感的培養，責任感也成為微軟應徵員工的重要標準。

麥肯錫曾經做過一個調查：一個成功的經理人應具備什麼樣的素養？結果近90%的人選擇勇於承擔責任。勇於負責任，是主管應具備的基本素養。如果你不敢或不願擔負責任，你就不可能獲得提升。這是一個常識，更是一種人生態度。「有效的管理者，為事情結果負責」。凡事習慣於推卸責任，不但不利於事情的及時解決，更會為專業經理人的個人發展、企業的發展造成不良影響。

雖然能力有大有小，但是一定要有責任心，要努力去

第二章　責任比能力更重要

做，不僅要把大事做好，也要把小事做好。

當你在為公司工作時，無論老闆安排你在哪個位置，都不要輕視自己的工作，都要擔負起工作的責任來。那些在工作中推三阻四，老是埋怨環境，尋找各種藉口為自己開脫的人，往往是職場的被動者，他們即使工作一輩子也不會有出色的業績。他們不知道用奮鬥來擔負起自己的責任，而自身的能力只有透過盡職盡責地工作才能完美地展現。能力，永遠由責任來推動，而責任本身就是一種能力。

當我們對工作充滿責任感時，就能從中學到更多的知識，累積更多的經驗，就能從全心投入工作的過程中找到快樂。

我們在擔負責任時往往能產生強大的精神動力，它使我們有勇氣排除萬難，甚至可以把不可能完成的工作任務完成得非常出色。一旦失去責任心，即使是做自己擅長的工作也會做得一塌糊塗。因此，我們在做任何一項工作的時候，成不成功，通常取決於是否有強烈的工作責任心以及主動積極的工作態度。

西點軍校：責任、榮譽、國家

西點軍校：責任、榮譽、國家

在美國商界，有一批人十分活躍：他們取得了傲人的業績，可是他們並未在商學院接受過正規的商業教育，更令人驚異的是，他們幾乎都畢業於西點軍校。

世界 500 大企業中，西點培養了 1,000 多名董事長、2,000 多名副董事長、5,000 多名總經理。「美國線上」（AOL）的創始人史蒂夫·凱斯（Steve Case）和 ITT 公司（ITT Industries）總裁阿拉斯庫格（Rand Araskog）也均為西點生。當今活躍在美國政界、商界、法律界、工程技術等各種行業的眾多傑出人物都是西點精神的繼承者。

美國總統西奧多·羅斯福（Theodore Roosevelt）在評論西點時有過這樣的描述：「在這整整一個世紀中，我們國家其他任何學校都沒有像它這樣，在刻有我們民族最偉大公民的光榮冊上寫下如此眾多的名字。」

畢業於西點軍校的麥克阿瑟將軍（Douglas MacArthur）曾經出任過西點軍校的校長。〈責任、榮譽、國家〉是麥克阿瑟將軍在西點軍校時所發表的一篇令人激動的演講，其中講道：

第二章　責任比能力更重要

「你們的任務就是堅定地贏得戰爭的勝利。你們的職業中只有生死攸關的獻身，此外一無所有。其餘的一切公共目的、公共計畫、公共需求，不管大小，都能夠找到其他的辦法去完成；而你們就是訓練好參加戰鬥的，你們的職業就是戰鬥並決心取勝。在戰爭中明確的認知就是為了勝利，這是無可替代的。倘若你失敗了，國家就要遭到破壞，唯一纏住你的公務就是責任、榮譽、國家。」

責任、榮譽、國家，恰恰是西點最核心的理念所在，激勵著一代又一代的西點人竭盡全力地報效國家，也是影響美國 200 年國運的 3 個關鍵詞。「國家」一詞旨在喚起一種為國家利益和民族理念服務的獻身精神；責任和榮譽則正是軍人職業倫理的核心所在。「責任、榮譽、國家」這個響亮的口號現在早已響遍全世界，被許許多多的世界知名企業家和有識之士所推崇。

以「以德取財」而享譽美國食品業近百年的伯氏食品公司創始人伯納德‧莫夫克，是西點軍校 1874 年畢業生。

從開始用自己精明的商業頭腦生產銷售產品賺錢的時候起，伯納德‧莫夫克始終沒有把自己那種軍人式的責任品格出賣給金錢。他覺得，做買賣賺錢也要有責任感，講究信譽。特別是經營食品，絕不能為了利潤而坑害顧客，損害他們的身體健康。他說：「沒有高尚責任感的人，不配生產食品。」

西點軍校：責任、榮譽、國家

　　莫夫克堅持不在食品中加入任何未經食品專家檢驗的添加物。當莫夫克看到防腐劑對人體有損的實驗報告後，大吃一驚，決定把實驗結果公之於世，以此引起政府和大眾對食品添加防腐劑有害作用的關心和注意。

　　有不少人勸他別這樣做，說這肯定會招致食品業同行的一致反對。而莫夫克拒絕隱瞞真相，他認為，向消費者誠實地宣布防腐劑的危害性是自己的責任。他下定決心要一直抗爭到勝利，否則絕不罷休。

　　果然不出所料，莫夫克一公布關於防腐劑的實驗報告，食品業中立刻就颳起一場風暴。那些使用了防腐劑的食品廠商，為了私利而集會聲討莫夫克，惡毒地攻擊他是「荒謬絕倫、居心不良」者，進而聯合抵制排擠伯氏食品公司，企圖把莫夫克逐出食品業。一時之間，伯氏食品在市場上幾乎見不到了，銷售量銳減。

　　但是莫夫克絕不退讓一步，在艱難中堅持著自己的信念，直到1906年，美國制定公布了《純淨食品與藥品法》（*Pure Food and Drug Act*），莫夫克大獲全勝，伯氏公司在消費者中贏得了巨大的信任和榮譽，開始了迅速的發展。

　　莫夫克就是在西點菁英課上學到了時刻保有責任的理念。西點軍校法則規定：每個學員無論在什麼時候，無論在什麼地方，無論穿軍裝與否，也無論是在擔任警衛、值勤等

第二章　責任比能力更重要

公務還是在進行自己的私人活動,都有義務、有責任履行自己的職責和義務。這種履行必須是發自內心的責任感,而不是為了獲得獎賞或別的什麼。

「責任、榮譽、國家」,這個校訓具有金剛石般的質地和永遠都不會過時的意義。假如我們每個人都把這個理念扎根於心中,個人將得到發展,同時還會自強不息;企業將朝氣蓬勃,整個社會的經濟也可以快速增加。

美國西點軍校管理的首席領導力教授拉裡‧R‧唐尼所恩博士(Larry R. Donnithorne)呼籲「品格是企業家領導力至高無上的因素,企業家隨著經濟的發展,不僅要培養敏銳的商業眼力,更要注重品格的塑造」。

不管我們做什麼工作,處在什麼職位上,都應該盡職盡責,勇敢地承擔起責任。一個人假如缺乏責任感和企業榮譽感,他就無法以認真的態度去處理事情。很多員工總是游離在公司之外,就是因為他們從來沒有對公司的事情負起過責任,視企業榮辱為個人榮辱。想一想:一個不具有主角意識的員工如何會具備主動精神?又怎麼可能創造出良好的業績?更不要說能夠贏得老闆的賞識了。

相反,假如我們像西點軍校的學員們那樣對企業充滿責任感和榮譽感,一切就會大不相同。就算你的工作環境很困苦,只要你能勇於承擔責任,全力以赴地投入工作,你最後

收穫的一定不只是經濟上的補償，還有職位上的提升、人格的自我完善。

一位著名心理學博士對世界 100 名各個領域中的傑出人士做了調查，結果證明其中 61 名竟然是在自己並非喜歡的領域裡取得了輝煌的業績。正是在高度責任感的驅使下，他們才取得了令人矚目的成功。

在職場中，想成為菁英的每個人一定要樹立這樣的觀念：承擔責任光榮，推卸責任可恥；迎接挑戰光榮，規避風險可恥。我受到的挑戰越大，承擔的責任越大，說明我的能力越強。很難想像一個不敢迎接挑戰、不能承擔責任的人會有好的發展前景，會成為職場菁英。

第二章　責任比能力更重要

GE：價值觀是最核心的能力

一個人對他人、社會和企業的價值，落實到想法和行動就是責任。從一定意義上講，責任觀就是價值觀，擔當責任就是展現價值；衡量一個人有無價值，主要看他是否擔負了應負的責任。而一個人的責任心也可以透過他的價值觀衡量，因為一個有追求、有進取精神的人一定是一個有責任擔當的人。哈佛大學商學院教授克萊頓·克里斯坦森（Clayton M. Christensen）說：「影響一家公司能做什麼、不能做什麼的一個重要因素，是它的價值觀。我們將團隊的價值觀定義為員工用於確定優先事項的標準，他們根據這些標準來判斷一份訂單是否有吸引力，一位客戶是否重要，以及一個新產品的創意是令人矚目還是馬馬虎虎。」

GE 的傑克·威爾許上任後很重視價值觀的建設，他在任期內的做法之一是主管提升時必考核其如何執行「GE 價值觀」的──價值觀共有 8 點，要逐一落實在「想像、解決、營造、領先」4 個行為方面。看上去都是抽象的定義，但考核時必須有自己具體實在的案例內容做實證。

GE：價值觀是最核心的能力

GE100 多年的歷史中一共只有 9 任 CEO，但它為業界培養出了 155 位 CEO。GE 的 CEO 幾乎沒有空降部隊，也不存在 CEO 離任時無人接任的怪現象。

從新員工踏入公司的大門起，他便與 GE 其他 30 多萬名員工一起納入了人才培養的序列。在這個簡單而有效的選拔體系中，有人中規中矩地晉級，有人則破格躍升。一桿統一的「九宮格」（圖 1）衡量尺規讓員工們心服口服。

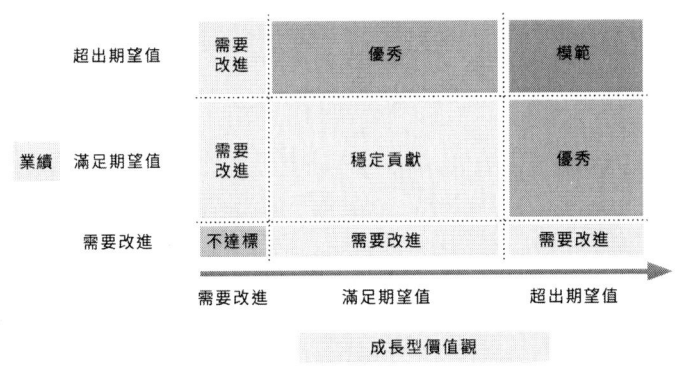

圖 1 九宮格綜合評估

「九宮格」其實是對 GE 人才考核體系一個非常具體的比喻，它是由成長型價值觀和業績兩個維度組合而成的，業績和價值觀的考核各分成 3 等，即需要改進、滿足期望值和超出期望值，在由兩個象限組成的 9 個格子中，每個格子都反映了被考核人在業績和價值觀中的表現處在哪一位置。

029

第二章　責任比能力更重要

如果將九宮格簡化成 4 格，其實也反映了企業內部的 4 種人，即業績和價值觀都優秀，業績不行價值觀優秀，業績優秀價值觀不行，業績和價值觀都不行。針對這 4 種人 GE 分別給出了 4 種解決方案（圖 2）。

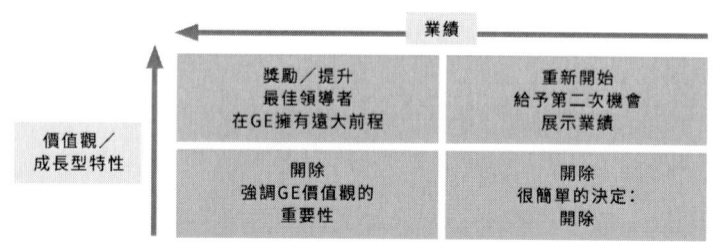

圖 2 以績效和價值觀為導向的文化

傑克・威爾許在任時專門談過這 4 類人如何對待。針對業績和價值觀都好的人，那肯定是 GE 需要的人才，兩方面都不行的人肯定是要被開除的。而遇到業績不佳但價值觀適合的人，GE 的方法是再給一次機會，或者換個工作，或者看一下是否是由一些客觀原因造成。而至於業績好，價值觀有問題的則直接離開。

傑克・威爾許有一次在全球高級領導人參加的年終大會上說：「大家可能注意到有幾個熟悉的人今年沒有來，因為他們已經離開公司。他們的業績雖好，但價值觀有問題，比如個人英雄主義、不願團隊合作等，雖然這些人能夠在短期內

GE：價值觀是最核心的能力

為公司帶來效益，但從長遠看是有害的，最終還是決定讓他們離開。」

如果根植在一個企業的核心價值觀，隨著時間推移而變成不可動搖的天條或信念，它就成為一種核心競爭力，成為一種最不可模仿、最不可替代的能力。可見，不同價值觀決定著企業和個人如何算帳，如何審視未來，從而決定了企業未來的發展程度。

責任比能力更重要，一家醫院裡面最難管理的可能是一流的醫生，他們有能力但往往很難管理，不願意配合，有「重量級人物」風格，上下左右間很難協調。這類人有能力但是不認同團隊價值觀，很難有好的職業前景。

價值觀屬於「道」。火車有火車的道，汽車有汽車的道，飛機有飛機的道。火車只要走在軌道上，就能夠平安執行到達目的地。如果火車離開了軌道，將導致災難。有約束感也意味著安全。感到有約束雖然不舒服，卻說明走在正確的路上，能夠保證走得遠。

一個企業的價值觀決定了一個企業的行為，一個人的價值觀決定了一個人的行為。企業有正確的價值觀，就會引導企業走在正確的路上。一個人有什麼樣的價值觀，就會成就什麼樣的人生。

第二章　責任比能力更重要

　　柯林斯（James C. Collins）在《從優秀到卓越》（Good to Great）一書中提出，那些從優秀到卓越的企業先讓合適的人上船，「如果你與你喜歡的人在同一條船上，這條船開到哪裡沒有關係」。

　　台積電董事長張忠謀說：「如果我的員工討厭我，員工之間互相討厭，全體員工討厭企業，這個企業必死無疑。」相互討厭就是志不同，道不合。

　　價值觀領導理論能夠讓大家彼此認同，企業就是一個平臺，認同的來，不認同的別來，來了要認同，否則就要出局。

　　能夠用企業價值觀進行約束是自我約束，是主動、自由、愉悅的狀態；制度約束是被動、無奈不舒服的狀態。當一個人感到價值觀和制度的約束都對自己不發揮作用的時候，他就面臨危險了。一個地方上具有最高權威的人，到達可以左右區域性地區監管政策和制度的位置的時候，制度就會對他失效，如果他的價值觀又有問題，他就可能為所欲為，此時只有法律能約束他了。一個價值觀正確的人，不是一時心血來潮，而是把個人的成長與企業利益和社會進步、國家發展連繫在一起。樹立了正確的價值觀，才能自我糾偏糾錯，才能有正確的追求和源源不斷進步的動力。

蘋果公司：責任比智慧更重要

蘋果公司：責任比智慧更重要

蘋果公司（Apple Inc.）是美國的一家高科技公司，在高科技企業中以創新而聞名，2012年8月21日，蘋果成為世界市值第一的上市公司。這樣的一家公司，對員工的要求又有哪些呢？

2011年8月25日，史蒂夫·賈伯斯向全世界遞交了辭職信。他的成績單前所未有地輝煌，在他重新掌舵蘋果的14年裡，蘋果股票上漲了90倍，市值從20.6億美元膨脹到如今的3,487億美元，超過埃克森美孚（ExxonMobil Corporation，簡稱EM），成為當今全球市值最大的公司，726億美元的現金儲備，甚至比美國政府還有錢。

賈伯斯留給後任的，無疑是一個巔峰的蘋果，無論是營收、利潤、成長、市值還是市場地位、產品影響力，都已經成為當之無愧的NO.1，堪稱全球企業的典範，而不僅僅是最佳的技術公司。

精明的賈伯斯早在幾年前，就開始了接班人的考察。在正式成為蘋果CEO之前，身為蘋果首席營運長的庫克（Tim

第二章　責任比能力更重要

Cook)就曾3次代替賈伯斯,負責公司的日常營運,第一次是在2004年,第二次是在2009年,第三次則是2011年年初到2011年6月。從2004年開始,賈伯斯就一直在和胰臟癌做抗爭,他對自己的健康狀況始終三緘其口,而蘋果公司也一直拒絕就此發表任何看法。

但這3次臨時代班,蘋果都在庫克帶領下獲得了外界好評。比如2009年那次,在賈伯斯不在的半年裡,蘋果股價仍上漲了超過60%,漲幅遠超過標準普爾(S&P Global Ratings)。2009年10月,蘋果新一代Mac筆記型電腦發布會,外界更感受到庫克在蘋果公司的特殊地位。

在來到蘋果之前,他已有16年IT領域的工作經驗,前12年在IBM負責電腦部門在北美和南美洲的製造和分銷運作;之後到了康柏電腦公司(Compaq Computer Corporation),負責材料採購和產品存貨管理。

1997年的蘋果做法是,從亞洲運來電腦零件,在歐洲愛爾蘭一家工廠裡組裝成筆記本,然後再將其中很大一部分又運回亞洲市場銷售。庫克到來後,關閉了蘋果工廠,轉而將所有生產外包給了大量的亞洲供貨商。

由此蘋果的庫存時間減少到90天,後來又減少到30天,到1999年年底時竟直接壓至2天,使蘋果也具有了與戴爾(Dell Inc.)相媲美的庫存管理效率。因為出色的營運能力,

蘋果公司：責任比智慧更重要

2000 年時，賈伯斯就把蘋果的全球電腦銷售和客戶支持部門交給了庫克負責。

掌管銷售業務後，庫克堅持避開零售商、經銷商，以更直接地了解消費者的需求。所以蘋果才會自己訓練銷售人員，並讓這些訓練有素的銷售人員替換百思買（Best Buy）等經銷商門市僱員。這個做法就是「蘋果零售店」的雛形。截至 2023 年 12 月，蘋果已經在全世界 26 個國家和地區開設 528 家直營店

除了有獨到看法，庫克還堅持每天早上 4 時 30 分開始發郵件給員工，在開會時往往第一個來，最後一個離開。有一次從加利福尼亞到新加坡的 18 個小時飛行過程中，他竟然沒與坐在旁邊的同事聊天，而是一直端坐在經濟艙裡研究表格。在新加坡開了 12 小時的會之後，他仍未流露出一點疲憊，精力十足地跳到下一組匯報。

蘋果網路商店的主管與庫克共事多年，他回憶起了在紐約召開的一屆 Macworld 大會，早晨，賈伯斯發表了引人入勝的演講，下午，庫克召開了會議。「我們不少人都打算晚上去看大都會隊的比賽。幾個小時過去了，他還在一個問題接一個問題地拷問我們，而我們像上學的孩子那樣盯著時鐘。我至今仍記得當時提姆說『好，下一頁』，然後撕開能量棒。不用說，我們錯過了那場比賽。」麥克邊說邊攤手表示無奈。

第二章　責任比能力更重要

如此毫不鬆懈，讓他贏得「工作狂」的外號。而他對供應商與銷售的細節，也與出了名挑剔的賈伯斯一樣要求嚴格。

這種種表現，也令賈伯斯看到庫克身上，有著為蘋果獻身的宗教般的精神，這正是他最欣賞的發揮極限的工作責任心。

蘋果需要創新方面的人才，但最看重的還是員工的責任心。可見，一個具有高度責任感、積極為公司發展出謀獻策的員工，必定會受到重用。與此相反，如果對工作不能做到盡職盡責，凡事推託，則是不受公司歡迎的人。

賈伯斯、沃茲尼克（Stephen Gary Wozniak）及韋恩（Ronald Gerald Wayne）是 3 個非常熱愛電腦的年輕人。1976 年的一天，他們合夥成立了一家電腦公司，取名「蘋果」。為了籌集到足夠的資金，3 個人到處奔波；其中，韋恩籌集到的資金最少，只占資本的 1/10。蘋果電腦公司成立後，韋恩也就成為小股東，擁有了公司 1/10 的股份。他們的產品「蘋果一號」推向市場後很受歡迎，總共售出了 150 臺，收入近 10 萬美元，扣除成本及其他債務，賺了 48,000 美元，韋恩分得了 4,800 美元。不過，韋恩並沒有收到這筆紅利，他只是象徵性地拿了 500 美元薪資就急急忙忙地離開了公司，甚至連自己 1/10 的股份也不要了。

蘋果公司：責任比智慧更重要

韋恩為何如此倉促地離開蘋果公司？多年後他向記者這樣解釋道：「我為什麼要馬上離開蘋果公司，要回500美元就算了？因為我怕賈伯斯過於急進，日後可能會令公司背上鉅額債務，那時我也要替公司背上1/10的責任。」

如今的蘋果公司如日中天，成為超級企業。大家爭相買入「蘋果」的股票，將其作為最佳投資專案。假如韋恩一直持有蘋果公司的股份，他早已成為億萬富翁了。正是因為他怕承擔失敗的責任，所以痛失了這一機會。

我們在職場中常聽到這樣的話：「這不歸我管」、「我很忙，實在沒時間考慮那麼全面」、「經理，我試過了，真的沒辦法」。表面看來，這些理由堂而皇之，事實上，有些事情很多人不是不會做，也不是沒辦法做，而是不想對事情的結果負責。

一個人責任感的強弱決定了他對待工作是盡心盡責還是渾渾噩噩，也決定了他完成工作的品質。事實上，只有那些具有很強責任感的人，才有可能被賦予更多、更大的使命。

《財星雜誌》(Fortune)採訪了多位曾在蘋果公司任職的員工，在他們眼中，蘋果公司除了接連不斷的創新產品外，更對內部人員有著嚴苛的要求，員工必須具備強烈的責任感和行動力才能在公司生存。

第二章　責任比能力更重要

1. 蘋果的責任意識

在這樣一家永遠追求創新的企業裡，責任意識已經深入貫徹到各個層級。蘋果內部擁有一個專門的「DRI」稱謂，意指「直接負責人」（Direct Responsible Individual），他們是每個專案的直接聯絡人。蘋果的每次會議和專案都有特定的DRI，以便讓與會者了解責任歸屬。在蘋果公司，常常能聽到的一句話就是：「誰是 DRI？」

而在每一位副總上任時，賈伯斯都會向他們重申責任意識的重要性。他說，他曾注意到自己辦公室的垃圾桶沒有清理，當他向清潔工問及此事時，清潔工的回答是：辦公室換了門鎖，而自己沒有鑰匙。對於清潔工來說，這或許是一個能夠接受的藉口，但對於蘋果公司的高階主管，情況就完全不同了。「如果你是清潔工，你可以用藉口來搪塞。」賈伯斯說，「但當你跨過了那條清潔工與總裁之間的界線，所謂的藉口就再也行不通了。」

2. 蘋果的責任文化

在蘋果的企業文化中有這樣一條：責任感並非來源於管理層，無論是一名小卒還是團隊領袖，你必須承擔起應盡的責任。這種責任感會培養我們和大眾之間的關係。他們期望獲得特別對待，而且他們的確獲得了很好的產品。

當責任感成為每位員工的一種習慣，成了面對生活的態度時，他就會自然而然地擔負起責任，而不是被動地、刻意地去做，不僅不會覺得麻煩和痛苦，甚至還收穫愉悅與滿足，在這種氛圍中，企業走向成功則會水到渠成。

3. 蘋果的責任教育

在蘋果內部培訓《祕密天才訓練手冊》（Genius Training Manual）的第七頁，記載著一大堆「什麼是（What）」和「怎麼樣（How）」。比如：

問：何為「天才」的工作職責？

答：教導（Educates）。

問：如何教導（顧客）呢？

答：要溫文爾雅、要有主角意識、要有同理心、要為顧客提出建議、說話要有說服力、爭取讓顧客點頭。

身在職場，只有對工作認真負責才是真正的聰明。你只有懷著高度的責任感，每天出色地完成工作，才有可能很快獲得提升。反之，如果你對公司的興亡完全不放在心上，對工作只是敷衍了事，那麼你也將成為公司首先考慮的辭退對象。

每個人的責任心都是集體前進的一股小力，很多小力相加就成為公司發展前進的巨大動力。所以我們每個人都需要增強自己的責任心，做一個有心人。

第二章　責任比能力更重要

心中有敬畏，人生才有作為

敬畏心，就是要心存敬畏、畏懼。所謂「敬畏」，即敬重、畏懼之意。它是人生的一種態度，更是一種信念。古有箴言：「凡善怕者，必身有所正，言有所規，行有所止，偶有踰矩，亦不出大格。」

英國《世界新聞報》(News of the World) 以封面上巨大的一句「謝謝，再見」，結束了自己 168 年的歷史，但它在英國引爆的那場「竊聽風暴」遠未平息。並且，這場風暴業已威脅到傳媒大亨梅鐸（Rupert Murdoch）那龐大的傳媒帝國。

危機面前，身為新聞集團董事長兼執行長的梅鐸，在出席完英國下院聽證會後，向新聞集團員工發送了一封電子郵件。

梅鐸在郵件中表示，新聞集團在經歷了《世界新聞報》竊聽醜聞洗禮之後將變成「一個更強大的公司」，還說將嚴懲那些「背叛我們的人」。他在郵件中寫道：「近期針對新聞集團的指控使我非常震驚，對於因此造成的傷害，我深表歉意。我們已為此事承擔責任。我已帶領這個公司 50 多年，也奉行

敢為人先的精神，但我從不容忍員工做出最近幾週外界描述的那種事情。」

「新聞集團無法容忍這種行為。有關《世界新聞報》一部分前僱員的嚴肅指控直接背離了我們的行為準則，不代表我們其他員工的行為和信仰。那些辜負我們信任的人必須被繩之以法。我們歡迎並將配合議會和司法部門的調查。」

無論何時，責任感都是公司用人的最基本標準，這也是梅鐸在新聞集團出現危機後第一時間向員工發電子郵件所傳達的主旨所在。但《世界新聞報》的部分員工違反了新聞行業的職業倫理、違反企業員工的行為準則，不僅會嚴重損害企業利益和聲譽，也會讓自己身陷囹圄。

身在職場，敬畏感也是責任感的展現。因為肩負責任，所以有所畏懼。孔子曾說過，君子有三畏：畏天命、畏大人、畏聖人之言，強調對天道人事要心存敬畏。

唐太宗李世民曾告誡王公大臣：「人要知道畏懼，知道什麼能做，什麼不能做，天不是不高，地不是不厚，我所以始終兢兢業業，就是因為畏懼天地。你們如能像我畏懼天地，小心謹慎，奉公守法，則不但百姓安寧，而且自身常得歡樂。」

「畏則不敢肆而德以成，無畏則從其所欲而及於禍。」心懷敬畏，為人行事如同野馬有韁，不會肆意飛奔。反之，人

第二章　責任比能力更重要

一旦沒有敬畏之心，為人處世就可能變得狂妄自大、肆無忌憚，甚至貪得無厭、無法無天，最終必將吞下自己釀造的苦果。只有常存敬畏之心，才會時刻如履薄冰，如臨深淵，謹言慎行，謙虛謹慎，處處嚴格要求自己，保持正確的人生航向，堂堂正正為人，踏踏實實做事，從而在工作、生活和自身修養上有所作為。

身在職場，我們有一顆敬畏之心，才不會輕易浮躁，內心會生養正氣、責任與莊嚴，那麼無論你身置何處，都會閃出耀眼的光芒。

1. 對工作要敬畏

只有敬畏自己的工作，才會嚴格要求自己，高標準地把工作做好；否則，就會「庸、懶、散」，工作毫無起色，甚至一團糟。通常而言，敬畏工作的人都知道工作來之不易，因而懂得珍惜，會加倍努力。反之，則會認為工作來得很容易，因而不僅不加以珍惜，甚至認為自己大材小用、懷才不遇，從而產生怨氣，拿自己的工作當兒戲，滿足現狀、不思進取，這是一種極其危險的心態，它不僅是阻礙你成長和發展的絆腳石，很有可能將你和成功永遠隔絕開來。

2. 對法律要敬畏

德國大哲學家康德（Immanuel Kant）說過，有兩樣東西時常讓我們充滿敬畏之心，一是頭頂燦爛的星空，二是我們心中的道德律令。做一個有職業精神的人，就是要敬畏法律和道德底線，無法想像，人要是沒有了敬畏，又將會怎樣？在這個越來越物質化的世界，我們真需要靜下心來反躬自問：在我們心中，還有讓我們感到敬畏的東西嗎？

常懷敬畏之心，我們就會懂得仁愛，知道感恩，繼而更明確肩負的責任。時刻謹記「責任」這一工作理念，我們就會敬畏國法、企業規章，警醒自己，不被誘惑，少犯錯誤，少走彎路；就會敬畏工作、珍惜榮譽，有廉恥之心、敬業的精神、創業的動力，把公司交付的事情確實做到。

第二章　責任比能力更重要

第三章

對工作負責就是對自己負責

第三章　對工作負責就是對自己負責

聰明透過責任才能變成智慧

很多有著聰明頭腦和敏銳商業嗅覺的人往往不是最終的成功者，最終實現夢想的人。聰明只是一種潛能，關鍵是看如何利用。

比爾・柯林頓（Bill Clinton）在美國總統任上寫給張亞勤的信中提及「一個靈感的啟示」：在通向成功的道路上，種種做事的機謀詭詐當然能夠幫助你贏得優勢，但是，只有你做人的水準方能決定你究竟能夠走多遠。

聰明只有透過責任心才能變成智慧，沒有責任心，聰明既得不到好的發揮，更有可能讓人誤入歧途，走向反面。

1. 堅持讓問題得到解決

張亞勤說，他從來不是一個勤奮的人，但碰到問題想要解決的時候，能發狠心，集中一段時間不受任何打擾去解決問題。張亞勤不是個喜愛熬夜研究的人，但他所說的「發狠心」，絕不是一般人想像的那樣熬上幾個通宵，他可以為一個

問題持續熬上幾個月甚至一年，直到問題得到解決。而這種「發狠心」，其實就是一種高度的責任感。

2. 聰明人更要踏實

聰明而不踏實就是小聰明而無大智慧。諾貝爾經濟學獎得主、普林斯頓大學心理學教授丹尼爾・康納曼（Daniel Kahneman）在其著作《快思慢想》（*Thinking, Fast and Slow*）中提到聰明人傾向於透過直覺的捷徑去判斷，而最終的結果往往是他們錯了。「直覺往往讓我過分自信，做出極端的預測，然後導致錯誤的計畫——比如，傾向於低估完成一項任務所需的時間。我做這些課題研究的情況就是這樣。」他戲謔道。企業需要一個聰明人，但更需要一個踏實的、有責任心的人。在聰明和踏實之間，企業更願意選擇後者。

3. 要有大愛之心

身為微軟公司的全球副總裁以及微軟亞洲研究院的負責人，張亞勤對推動中國軟體業的發展不懈努力。據統計，如果微軟在中國每賺1塊錢，它在中國國內的合作夥伴就會賺16塊錢。

第三章　對工作負責就是對自己負責

工作中不要有「受僱於人心態」

我們在工作與生活中經常會聽到這樣的說法：「我不過是在為老闆工作」，「差不多就行了，是公司的事，又不是我自己的事情」。這些說法讓我們覺得自己是在為別人賣命，或者是在向老闆出賣勞力。為什麼不換一種說法呢？比如說「老闆給了我一份工作」，或者「老闆給了我一次鍛鍊的機會」。這樣的說法，會讓我們覺得，我們是在為自己的前途而工作，而不僅僅是在為老闆工作。

實際上，優秀的員工是不會有「我不過是在為老闆工作」這種想法的。無論他們從事什麼樣的工作，他們其實已經是公司的老闆，因為在他們的眼中，他們是在為自己工作。從某種意義上說，他們和老闆的關係更像是同一個戰壕裡的同袍，而不僅僅是一種上下級的關係。

所謂「老闆心態」和「受僱於人心態」，看起來是因為各自利益的不同，而被認為是一對不可調和的矛盾，但我卻認為並非如此，甚至這兩種說法本身就值得商榷，它是建立在完全對立和不平等的前提下的。

工作中不要有「受僱於人心態」

……

對於在職場上打拚的職場人士來說，我覺得這種所謂「受僱於人心態」，傷害的更是你自己。如果你對每一份工作都抱著「你給我多少錢，我就做多少事」，那麼你的不良情緒很快就會讓你喪失對工作的熱情。而你一旦沒有能力管理自己的情緒和熱情，那麼無論是跳槽換一個老闆，還是自己創業，都不可能獲得最終的成功。如果你在打工時，習慣於好逸惡勞，逃避責任的話，那你就更沒有資格說「如果我是為自己做，情況就會不一樣」這樣的話了，因為一個人的工作態度和工作能力就是從點滴工作中長期培養起來的。

也許有人會問，身為上班族如何還能沒有「受僱於人心態」呢？摒棄「受僱於人心態」難道不是老闆的一廂情願嗎？

我的體會是，身為職場人士，最重要的是做自己的主人，做你自己職業發展的主人。這樣，你就會發現表面看來你為公司所做的一切，同時也是為你自己在做，在為你自己的職業發展的每一步奠定扎實的基礎。你交給公司的是業績，同時獲得的是自我能力的提升。

這是一個需要你自己想通的問題。曾經有一位導師在我很年輕的時候跟我說過，你到底為什麼而做？是為自己而做。這句話所包含的微言大義是在我幾乎工作了好幾年之後，才漸漸明白的。雖然我以前工作時也一直很努力，並沒

第三章　對工作負責就是對自己負責

有上述的所謂「受僱於人心態」的種種表現，但我當時一直覺得，我是在為公司而做，為公司的業績在努力。而多年之後，我知道其實這一切都是為自己在做，在辛苦並歡樂的體驗中，練就的本事就是自己的財富。

正是因為王樹彤在為別人工作的時候，沒有「受僱於人心態」，認真地對待自己的工作，才能夠為後來的成功累積起寶貴財富。

在工作中，抱著「受僱於人心態」的人，把自己置於一個受僱於人的位置，他們想的是自己只是一個上班族，領著老闆對自己開出的薪資，替老闆做事；處處與老闆講條件，薪資要「對得起」自己的工作；公司經營好壞與自己無關，我只按照命令去做……這樣的人在損害企業利益的同時，也在消耗著自己的未來。

2012年伊始，再也沒有比全球最大的社群網站Facebook上市更能引發全球商業界轟動的事情了。

這其中，高階主管的薪資之高令人咋舌。除創始人兼CEO馬克・祖克柏（Mark Elliot Zuckerberg）之外，各個高階主管的薪酬都在千萬美元以上。其中，薪酬最高的高階主管是唯一的女性高階主管——COO（首席營運長）雪莉・桑德伯格（Sheryl Sandberg），2011年她的薪酬總額有3,090萬美元。

工作中不要有「受僱於人心態」

當人們羨慕她的財富之時，更無法忽視她對 Facebook 的責任心和做出的貢獻。如果沒有桑德伯格，Facebook 可能還只是一片擁有巨大用戶量的肥沃土壤，而不知道如何開花結果。正是她的到來，Facebook 才找到良方。

1991 年，憑藉優異的學業成績，她被經濟學家勞倫斯・薩默斯（Lawrence Summers）看中，這成為其人生最重要的轉捩點。薩默斯對她的組織管理能力讚賞有加，「桑德伯格在整合大型會議時，所有名牌、食品和日程都安排得井然有序，無一疏漏」。1995 年，薩默斯出任柯林頓政府的財政副部長，29 歲的桑德伯格被邀請出任薩默斯的辦公室主任，可謂是少年得志。

2001 年，薩默斯任期結束，桑德伯格也開始靜下心來考慮自己何去何從。巧合的是，她諮詢的第一個人是當時擔任 Google 執行長的艾瑞克・施密特（Eric Schmidt）。當時，施密特建議她去「機會更多」的網路公司工作。

2001 年年底她來到了 Google，負責廣告銷售。一進入商業領域，桑德伯格被埋藏的商業才能開始突顯。那時，Google 不過是一家創辦僅 3 年，還沒有達成穩定盈利的私人公司。桑德伯格憑藉 AdWords、AdSense 等廣告專案，短時間內幫助 Google 達成盈利。在不少重要合作上，桑德伯格都盡心盡力，對於 Google 與美國線上的合作，她被評價為「強勢而無畏」。

第三章　對工作負責就是對自己負責

　　從 Google 到 Facebook，網路的魅力使桑德伯格迷戀不已。2009 年，恩師薩默斯重返白宮，擔任歐巴馬政府國家經濟委員會的主任，再次邀約桑德伯格加盟。這一次，她婉言拒絕了恩師，表示「與祖克柏共事來改變這個世界是一件愉快的事」。

　　2008 年 3 月，Facebook 宣布桑德伯格出任首席營運長。當天，這則消息成為矽谷的頭條新聞。當時，桑德伯格是 Google 負責線上銷售業務的副總裁。

　　一來 Facebook，她就展現出了讓人倍感舒適的親和力與社交能力。剛開始，Facebook 的員工對她「心懷畏懼」。她於是走到員工的辦公桌前，主動溝通，打消員工的疑慮，融洽與員工的關係。事後，在問及緣何採取平易近人的姿態時，她說道：「我意識到公司的走向取決於這些人的工作。如果你作為新人進入到一個團隊，從你確實感到尊敬的地方入手，並對那些先來者的工作表示尊敬，這才是最重要的事情。」

　　除了迅速地開啟工作局面，桑德伯格還確定了公司盈利模式。那時，Facebook 已擁有 6,000 萬用戶，被譽為「全球最受歡迎的社交網路」，但是祖克柏卻不知道如何從中賺錢。

　　「廣告就是 Facebook 要做的生意。」桑德伯格把這句話帶到了 Facebook。在她的努力下，2008 年年底 Facebook 的高階主管達成共識，超過 70% 的利潤應該來自廣告。而在具

體的措施上,高階主管們也一致認為,應該依靠在網站頁面中謹慎植入廣告賺錢。

桑德伯格設計了一套廣告平臺——「社交化廣告」(socialads),並吸引了全球各大品牌的入駐。這個廣告平臺在Facebook頁面上右邊框的一個並不起眼的位置,它上面能夠顯示「好友」對某個廣告或廣告商的喜好和具體評價。只有大約0.5%的用戶在看到該廣告之後會進行點選,但透過這種人際關係,用戶對廣告的印象大大加深,廣告商的傳播效果也大大增強。

2012年2月1日,Facebook提交IPO申請。到此時,桑德伯格加入Facebook正好3年。她用一系列成績打消了當初的負面評論。Facebook的用戶數量從2008年的6,000萬,增加到如今的8.5億。並且,廣告收入持續增加。2008年,Facebook全年的廣告收入不足3億美元,而2010年,Facebook的收入達19億美元,2011年更上升至38億美元。

桑德伯格為這家初出茅廬的新興企業帶來了難得的成熟氣息,幫助Facebook從一家熱門創業公司走向網路世界的主宰。在她的努力下,Facebook克服用戶隱私問題的困擾,在全世界獲得了8.5億以上的用戶,成為最重要網路企業之一。Facebook的早期投資人、公司董事吉姆‧布雷耶(Jim Breyer)也認為從沒見過她這樣「工作熱情和高智商兼具的女性管理者」。

第三章　對工作負責就是對自己負責

無論是身為美國財政部副部長的辦公室主任，還是 Facebook 的首席營運長，桑德伯格都在兢兢業業地工作。

負責任落實到現實工作中，主要展現在幾個方面。

1. 把自己視為合夥人

培養與同事之間的合作關係，以公司的成敗為己任，像對待自己的產業那樣對待自己的公司，這是一個青年人在事業上取得成功的重要條件。

桑德伯格懷孕時，在對著馬桶吐了半天之後，還開車趕去見一個重要的客戶，完全將公司的事務當作自己必須立刻完成的事務。

優秀的員工每當完成一項工作時，總去翻工作日記，問自己是否所有的目標都已達到，有什麼項目需要加上去，還需要向別人學習什麼，從而使自己的工作能力得到擴大和充實。總之把自己當作公司的主人，你就能爭取到更多的機會，不斷提升自己的經驗和能力。

2. 不等待命令

如果你習慣於「等待命令」，首先，就會從精神上缺乏工作積極性而降低工作效率；其次，你還會養成只做你喜歡的工作的習慣。一個人一旦被這些負面想法左右，他就很難要

求自己主動去做事。即使是被交代甚至是一再交代的工作，他也會想方設法拖延、敷衍。事實說明，「等待命令」是對自己潛能的「畫地為限」，從一開始就注定了平庸的結局。

3. 主動做分外的事

許多著名的大公司認為，一個優秀的員工所表現出來的主動性，不僅是能堅持自己的想法，並主動完成它，還應該主動承擔自己工作以外的責任。

桑德伯格加入 Facebook 兩年後，公司的財務長突然離職，於是她不得不參與完成一項融資工作。由於之前一直從事營運而非財務方面的工作，所以籌集資金的過程對她來說既新鮮又有些讓人害怕，但她依然義不容辭地承擔起這份工作。

責任與利益是對等的，有責任才有利益，責任大利益就大──高薪資者一定是高責任者。然而，現實工作當中遇到問題時，人們總把責任推託給別人或外在客觀因素，而不是勇敢地承擔起責任。你拒絕責任不就是拒絕利益嗎？

被譽為「世界上最偉大的業務員」的喬‧吉拉德（Joe Girard）在被問及如何成為一名好的業務員時，他是這樣說的：「不要把工作看成是別人強加於你的負擔。雖然是受僱於人，但多數情況下，我們都是在為自己工作。」

第三章　對工作負責就是對自己負責

每一次任務都是成長的機會

某公司有一行政人員，協助公司同事每個月報帳費用。剛剛開始的時候，該行政一一打電話給各位同事，詢問開戶銀行及銀行帳戶等資訊。到了第二個月又打電話重新確認，導致工作又重複一次，耽誤了時間，效率也降低了。後來，她總結出每位同事每個月都要報帳，因此，把同事們的帳戶基本資訊都記錄下來，影印出來，方便每一位同事直接填寫，這一舉措得到了同事的讚許。

每一項任務都是一個成長的機會，只要認真去做，即便是簡單和微小的事情也會令我們從中受益，而受益的程度，關鍵取決於對待任務的態度。

工作中，可以讓員工成長的機會並不少，但是，為什麼總是有人抱怨自己抓不住機會呢？大致是因為下列幾種情形：

一是缺乏抓住機會的能力，眼睜睜地看著很多機會從身邊溜走，除了慨嘆「別人機會那麼多，我卻沒有機會」外，什麼也不做了。

二是機會來了，他自己卻沒有做好準備，甚至「缺席」

了。也就是說，機會來了，他卻不在。

三是沒有認知到主動承擔就是機會，見到責任就躲，結果把機會也躲掉了。

上述3種情形中，第三種是最常見的，很多人都吃過這方面的虧。當上級安排任務時，他們的第一個反應就是：「麻煩事來了。」或者說：「這是額外的責任，我不能去承擔。」他們卻不知道，成長的機會只青睞那些積極追求進步的人。

每一個人都想快速成長，成為公司的基層主管，成為部門經理，成為統管一方的總經理。「不想當將軍的士兵不是好士兵」，但不是每一個士兵都能當上將軍。士兵成長為將軍是需要歷練的。沒有歷練、沒有工作任務就沒有成長，但是現實生活中，我們常常拒絕了責任，進而拒絕了成長。

「您所安排的這項工作不是我的職責範圍，我不會去做。再說，這幾天這麼忙，也沒時間做。」「這項工作真的比較難，很難搞定，我看還是先放一放，看看再說。」「這一次會議，我還是坐在後面吧，我也不準備發言……」

想一想，看一看，是不是成長的機會就在身邊，但是被我們拒絕了。被我們拒絕得越多，我們成長得就越慢。很多人都存在這樣的不良習慣，等到同輩漸漸展翅高飛，遠離自己而去的時候，他們還在不斷地埋怨機會與運氣。

一個人的重要性通常與他所承擔責任的多少成正比，例

第三章　對工作負責就是對自己負責

如在一個企業中,董事長的責任最大、擔子最重,他要負責企業的整體營運以及市場、技術、人事、財務等各方面的事情,所以他對於企業來說是最重要的人物;而一名普通的員工只要做好自己的本職工作即可,承擔的責任小,所以重要性相對來說比較低。如果一個人想讓自己變得更重要,要得到別人的尊重,最大限度實現自我價值,就要有意識地培養自己的責任感,盡量做一個肩負重大責任的人。

1. 按更高的標準要求自己

雅虎 CEO 梅爾(Marissa Ann Mayer)曾經說過:「大多數人認為,職業發展軌跡是一條傾斜線。而實際上,它卻是一個階梯函數。」「當你準備走出下一步,或者準備承擔更多責任時,你應該按照下一個更高階段的要求開始工作。」梅爾認為,只要你能這樣做,自然就能得到晉升。

梅爾說:「一天晚上,我在家看看錶,天哪!已經午夜了,而丈夫還在等著我睡覺。我自己有 8 個月的身孕,而我還在那裡工作 —— 在我自己的最佳工作時間和狀態。當我和丈夫第二天早晨起來一起刷牙時,他問我:『昨晚妳去哪裡了?』」

2. 成為最重要的人

不要成為上司眼中無關緊要的人；不要成為上司身上的累贅；更不要成為上司工作中的絆腳石。助人即是助己，有用之才才有機會成才！

為上司排憂解難是下屬的職責所在，否則對上司來說你的存在將失去實質意義。並非每一個職場中人都可以成為上司的「鼎力之柱」，但如果成為「鼎力之柱」則意味著上司對其能力的認可、倚重。被認可的同時又將繼續得到更多的、優先於常人的鍛鍊及表現的機會。

在一個企業中，每一個人都扮演著不同的角色，每一種角色又都承擔著不同的責任，然而，想要成為企業的領導者，勢必肩負更高的責任。領導者必須清醒地意識到自己的責任，並勇敢地扛起它，才能對自己和企業問心無愧。

每一個企業在發展過程中都會碰到各式各樣的問題，不負責任的人會推卸任務繞道而行，聰明又負責任的人會勇挑重擔，把問題變成發展的機遇。

第三章　對工作負責就是對自己負責

與企業共患難，
才能與企業共成長

某地進行了這樣一個調查：「假如公司遇到困難，你願意和老闆共度難關嗎？」此題有 3 個選項：A. 願意，並會盡自己的力量；B. 不願意，另找一份工作；C. 不知道。

調查結果有些令人出乎意料。統計數據顯示，在 296 名受訪者中，有 212 人選擇「願意」，僅有 15 人選擇「不願意」，另有 69 人選擇「不知道」。也就是說，有超過七成的受訪員工表示願意跟企業共進退。

一個人，既然選擇了在一家公司工作，就應該將自己的命運和這家公司的前途綁在一起，將業務負責到底。因為只有公司前途似錦，自己的職場生涯才會綻放最美的花。我們想要證明自己事業上的成功，最好的辦法就是努力工作，盡一切力量讓公司取得成功，只有這樣，才能真正實現我們的人生價值。

那些比較知名的公司，如 IBM、海爾、華為、聯通等，它們的發展歷程並非一帆風順，也曾陷入困境，每一次困境

與企業共患難，才能與企業共成長

都如同一把篩子，把那些急功近利、目光短淺的員工篩走，留下的都是有責任心、能同甘共苦的菁英。現在，職場中的工作機會雖然相對多了，但如果沒有與公司共發展、同進步的想法，也很難做出什麼成就來；如果出於職業道德和職業需求把公司當成自己的家，與公司同舟共濟，真心付出，就能在事業的道路上有所收穫，取得更大的發展空間。

在企業風光時雲集在老闆身邊，在企業遇到困難時一鬨而散，這是大多數人的做法，更是缺乏遠見的表現。這種做法看上去似乎很「聰明」，可以短時間內彌補個人損失，但是從長遠來看，則是一種職業短視。

「寒流侵襲」本身並不可怕，可怕的是人們的悲觀情緒和所懷的心態。做同樣一件事情，因心態不同，所煥發出來的熱情就有天壤之別。積極的心態產生積極的行動，積極的行動帶來良好的業績。世上無難事，只怕有心人。只要我們有堅定的信心，「寒流」就會離我們遠去。

公司遇到危機就辭職不做的人，是很難獲得成功的；一個能夠時刻與公司共命運的人才能獲得長遠的發展，如果你與公司同生死、共命運，公司就會給你最大的回報。

只要有一線希望，就要用百倍的努力，絕不輕言放棄，這就是公司需要的責任精神。心懷責任，在危難時刻和公司堅守在一起，只有恪守這個準則的員工才能被老闆認可，才

第三章　對工作負責就是對自己負責

能贏得老闆的信任與尊重，才能獲得事業與人生的成功。

很多時候我們常常會因為逃避責任而選擇另一份工作，其實更好的方式是勇敢去面對它們，在戰勝痛苦的過程中得到成長，獲得成就。

工作沒有「打折卡」

有些人做事不出全力,滿足於過得去,工作「打折」;有些官員為官不為,抱著只要不出事,寧願不做事,甚至不求禁得起考驗,只求過得去的態度,敷衍了事。

優秀的員工都是具有責任感、團隊精神的典範——他們積極主動,富有創造力,從不找任何藉口。任何一個老闆都熱忱地呼喚這樣的員工。

責任心多大舞臺有多大,如果要模仿或者學習,也沒有必要學習離自己太遠的比爾蓋茲,身邊的人就是學習的榜樣,只是自身願不願意降低姿態去學習。

但是成為一名管理者就不一樣了。身為經理,別人的成功才是你的成功,向你報告的 7 個人他們的加薪,他們的買房子,他們的快樂,他們家庭的快樂都跟你有關係。

身為銷售人員,主動承擔責任為企業追債;擔任市場部經理,為企業不斷提升銷售業績;擔任公司總經理,努力提升公司的市場占有率,學會對企業、對他人負責,同時具有打拚與奉獻精神,在任何職位都可以做得很成功。

第三章　對工作負責就是對自己負責

1. 工作要捨得投入時間和精力

有位員工寫郵件給他的主管。郵件中寫道：「您說只要付出就會被認可，我來了一年多，感覺付出了很多，可為什麼感覺沒有被人認可呢？」主管這樣回覆：並不是你在這一年中獲得了升職、加薪就叫受認可，而是你是否承擔了足夠的責任，是否贏得了別人的尊重。如果大學畢業剛來一年，正在一個成長過程中，就很快透過物質的方式獲得了所謂的認可，這很可能成為你一輩子的包袱。

2. 職位是責任而不是榮譽

很難想像，一個世界五百強企業，會把一個高階職位，當成待遇給某一個人，這不僅是一種獎勵，更是一種責任的託付。我們要視榮譽如生命，視企業進步為己任，視付出如獲得，視事業如使命。

對照榜樣我們才能找到自己的差距，今天無論你是在一個小企業工作，還是在一個大企業就職，都可以為企業努力打拚、開創新局面的高度責任感。

第四章

自動自發，讓責任成為習慣

第四章　自動自發，讓責任成為習慣

成功從主動承擔責任開始

　　永遠等著安排工作的員工太被動，不會主動考慮怎樣把工作做得完美，做得周全。這樣一來，很多員工可能一直無法充分施展自己的特長，埋沒過人的才乾和能力。

　　看看你的身邊，你會發現，有許多優秀的員工，是公司的驕傲，是公司的財富。他們每個人很平凡，使他們顯得與眾不同的原因，僅僅是他們願意主動承擔責任，每天都多付出一點，一年 365 天，天天如此。只有不斷地行動，才有不斷的成就湧現。

　　當你萬分羨慕那些有著傑出表現的同事，羨慕他們深得老闆器重並被委以重任時，你一定要明白，他們的成功絕不是偶然的。你仔細觀察就會發現，這些員工與別人的區別至少有一點──「勇於負責」。在相當程度上，成功取決於全力以赴做好工作的責任感和使命感。

　　責任心強，就會在其位、謀其政，對自己的行動負起責任，將時間和精力用在解決問題上。透過積極主動地找策

略,想辦法,拿出具體的措施來幫助企業。相反,責任心不強,即使企業不是在困境階段,而是在繁榮時期,也不會做到盡職盡責、盡善盡美。

惠普的研發者之一查爾斯‧豪斯,曾經負責研發為NASA（美國國家太空總署）提供的顯示器。他開發出來的這種新產品比一般的顯示器輕,並且耗電量很低,在節約能源的方面效果顯著。但結果NASA把他的顯示器退了回來,理由是雖然顯示器有優點,但是不適合NASA。豪斯不得不自己把顯示器推向市場,開始苦心搜尋合適的客戶。

從研發者轉換為市場和客戶分析,行銷人員都搖著頭,預想到了失敗。但是他透過行銷的思考方式,完成了一個研發人員無法做到的思維方式的轉變。最終他研發的產品受到廣大企業客戶的歡迎,當然這其中也包括NASA。

如果豪斯身為一個研發人員只停留在自己的位置上,沒有從客戶的角度去考慮,投入很多時間和費用研發出的產品可能會成為不被市場接受的產品。但是他在問題面前沒做過多的考慮,當企業面臨退貨,即使不屬於業務部門,豪斯仍用心去做市場和客戶分析,追求解決問題的方法,並且衝在前面,完美地解決了問題。

第四章　自動自發，讓責任成為習慣

1. 願意做事

面對一項工作或者業務，能不能做或許你決定不了，但願不願做是你首先要做出的選擇。

不會做沒關係，只要想做，就可以透過學習、研究，達到會做；會做，但不想做，工作肯定是做不好的。

2. 主動思考

被動工作的人，總是習慣說：「沒有意見。」每當公司的人力資源部門徵詢大家對制度的看法，或是 IT 部門徵詢大家對公司網站頁面風格的看法時，有多少人是回答「沒有意見」？有職場經驗的人都知道，一個團隊中回答「沒有意見」的是「沉默的大多數」。其實這種「沒有意見」便是一種各掃門前雪，事不關己、高高掛起的態度。如果真正認真「看過」，並且「了解」，是不太可能「沒有意見」的。

企業需要的就是這樣的人 —— 真正具備務實能力、當企業處於困境時，能迅速提出解決問題的方案，並且能夠親自把方案付諸行動，這就是人們所說的問題解決型（Problem-solving）員工。

變「要我做」為「我要做」

職場中,很多人一談起工作就會不自覺地說「煩死了,老闆怎麼要我做這麼多事情」、「太討厭了,要我做這麼多,我哪能做完」。好像做一切工作就是被逼的。這些人就像是隻有發條指令,搬動按鈕,才會動一動的「按鈕式」員工,老闆是不會喜歡這種下屬的。

「要我做」展現的是一種被動。而「我要做」與之恰恰相反,強調的是一種主動。有著這種主動心態的人,在工作中不會被動等待老闆的吩咐,而是自覺去找事情做,自覺為公司做出更大的貢獻。

身為一名員工,我們應當把公司的事情當成自己的事,無論老闆有沒有吩咐,只要我們自己能做,我們就應該發揮主動負責的精神,把公司的事情做好。

威爾遜上大學的時候在一家著名的 IT 公司做兼職,由於表現出色,大學畢業後他成為該公司的一名正式員工,並擔任技術支援工程師一職。工作兩年後,年僅 24 歲的他被提拔為公司歷史上最年輕的中階經理,後來他更因在技術支援部

第四章　自動自發，讓責任成為習慣

門出色的表現而被調去美國總部任高級財務分析師。

　　初進這家公司，威爾遜只是技術支援中心的一名普通工程師，但他非常想做好這份工作。當時，經理考核依據是公司報表系統上的「成績單」，而這個只到月末才能看到。於是他想：如果可以每天得到「成績單」的報表，經理豈不是可以更好地調配和督促員工？與此同時，他還了解到現行的月報表系統有一些缺陷。比如當出現業務量突然增大，或一兩個員工請假，就會有很多工作被耽誤。

　　綜合考慮了各種因素後，威爾遜覺得自己有必要設計一個有快速反應能力的報表系統。他花了一個週末的時間寫了一個具有他所期望的基礎功能的報表小程式。一個月後，威爾遜的「業餘作品」——基於 Web 內部網頁上的報表開始投入使用，並取代了原來的 Excel 報表。由於在工作上的出色表現，公司總裁看到了他的一些潛在能力，兩年以後，總裁親自給了威爾遜一個重要的升遷機會，讓他擔任公司整個亞洲市場的技術支援總監。

　　威爾遜充分發揮主觀能動性，在老闆沒要求他做的情況下，自覺去進行變革，為企業提升了效率，正因為如此，他才比別人更快走向更高層。

　　這個故事告訴我們，要在工作中出人頭地，就要找到自己的定位，把「要我做」的思維轉換為「我要做」的想法，多

承擔責任，做好業績，提升自己。要知道，當一個機遇出現的時候，是不會等著你去慢慢學習勝任能力的，都是挑選能夠勝任的人來承擔。

身為新時代的員工，我們應當沉下心來，把公司的使命當成自己的使命，帶著責任感投入工作，而不是事事等待老闆吩咐，只有這樣，才能有所成就。

著名的諮詢專家舒沃茲博士在美國科羅拉多州舉行的一次管理研討會上演講，他演講的主題是：「個人的才能引導你的升遷」。在聽過演講之後，詹妮絲（舒沃茲博士以前的學生）跑來找他談論自己的問題。

詹妮絲抱怨說她已經有 3 年沒有升遷了，她見過有些條件比她差的人，都升遷到薪資較高的工作職位，而自己卻總被忽視。

舒沃茲博士回答說：「我對妳的公司了解也不多，所以我也不知道高階主管是否有欠公允。但是，詹妮絲，妳告訴我，妳曾要求過升遷嗎？」

詹妮絲看起來很困惑，回答說：「沒有，我沒有要求過，我認為我的上司知道我的工作比一般人做得好。」

於是，舒沃茲向詹妮絲說明，高層的經理們認為較高職位的工作是很重要的。他們提升的人必須具備另一個條件，那就是他主動想成為領導者。具有管理他人的欲望和責任

第四章　自動自發，讓責任成為習慣

感，這是領導過程中最重要的部分。當你要求提升時，你表現出進取的精神，而高級主管通常喜歡提拔有進取精神的員工。

最後，舒沃茲建議她說：「詹妮絲，下週告訴妳的上司說，妳認為妳有資格升遷，同時妳也會負起所有責任。」

幾個星期後，詹妮絲打電話給舒沃茲，並告訴他，她得到了升遷。

在現代社會，雖然服從與執行能力相當重要，但個人的進取精神與責任感則重上加重。像上面的詹妮絲之所以能夠得到升遷，就是在於讓老闆發現了個人的負責進取精神。對每一個企業和老闆而言，他們需要的絕不是那種僅僅遵守紀律、循規蹈矩，卻缺乏熱情和責任感，不夠積極主動，不能自動自發的員工。在企業中，能夠主動擔負責任的員工更會受到老闆信賴。

那麼，我們在工作中，該怎樣培養自己的主動進取精神，盡快讓自己得到老闆的重視呢？

1. 積極進取的上進心

時刻保持積極的心態去做每一件事，你就會發現，你其實可以順利並且愉快地做好原來可能做不到的事情。

2. 用行動代替幻想

　　別窩在那裡幻想了,即使你的幻想多得堆成大山也毫無用處。積極行動起來,從小事做起,你就會發現工作遠沒有想得那麼困難。久而久之,就會把工作本身當作一種樂趣,享受到其中的成就感。這時候,你自然就擁有了主動出擊的習慣。

第四章　自動自發，讓責任成為習慣

不要缺位，積極補位

在企業中，職能的閒置或重疊，分工沒有落實好，都會導致缺位、錯位的現象。

有時做一件事需要得到他人的協助，如果分工沒有做好，別人可協助也可不協助，那麼要做的這件事就很難做成了。

在工作中，如果有一名員工缺位，那麼就很有可能讓工作出現等待、停滯等現象，這樣就會在相當程度上降低工作效率。其實，團隊做事效率不高，相當程度上就是因為個別一人的缺位，一旦某個環節出現缺位，那麼企業效率就自然上不去。

不等不靠，積極補位，才能成就一個公司。一個人懼怕承擔責任，就不會有勇氣提升自己的工作能力，也不會積極尋找解決問題的方法，從而無法改正錯誤並更好地完成任務。

每個公司都會出現一些無人負責的事情，這時就需要員

不要缺位，積極補位

工有一種補位意識，多做一些事情。做的事情越多，你才會越重要，掌握的個人資源和工作資源也就越多，情形對自己也越有利。

企業的高速運轉，工作的有效落實都離不開有補位意識的員工。所以具有主動補位意識的員工是企業不可或缺的員工，也是老闆可以依賴的左膀右臂。

看足球比賽，我們會發現，優秀的射手是善於捕捉戰機的人，他們總能在正確的時間出現在正確的地點。優秀的射手都是會跑位的人。同樣，優秀的員工也善於跑位，無論在什麼時候，不用老闆吩咐，都能出現在需要的位置上。

我們的工作就和一場足球比賽一樣，隨時都會有意外情況發生，這時不要逃避工作和責任，而是要積極地承擔起額外的職責，做好補位工作，主動地做公司需要的事。一個能夠隨時應對工作中可能出現的問題的員工，一定會成為老闆最需要的員工。這樣的員工能不斷提升企業的效率，自然會得到老闆的賞識和重用。

一位知名的企業家說過：「除非你在工作中的能力超過一般人的平均水準，否則你便不具備在高層工作的能力。」在職場中，我們不但要把自己的工作做到位，而且還要善於補位，只要是關係到公司利益的事務，我們就應該去把它做

第四章　自動自發，讓責任成為習慣

好,這樣才能為企業節省人力和物力,提升利潤。沒有哪個老闆不欣賞積極補位的員工。

只有自動自發,樹立起補位意識,不缺位、漏位,才能在落實工作中多出業績,少出差錯,提升落實的效率。

核心分子是主動考驗出來的

核心分子都是從挫折中磨練出來的。經不起挫折經不起考驗，就難以真正學到東西。管理者在成長過程中，都有過艱難的失敗經歷。

本尼斯（Warren Bennis）在《奇葩與怪傑》（Geeks and Geezers）中寫道：「他們不畏懼失敗。實際上，他們重新建構失敗，把它看作一種寶貴的教育形式。」

寶僑（Procter & Gamble，簡稱 P&G）執行長雷富禮（A. G. Lafley）說：「你或許很開心，但不會學到任何東西。只有觀看你在比賽中被打得慘敗，或在比賽中自以為會贏，結果卻失敗的影片，你才會真正學到很多東西。」

一個人成長的過程中，不可能只有成功，他很可能經歷過很多的失敗或挫折，才建立起成功的基礎。印度詩人泰戈爾說過：「如果你因為失去了太陽而流淚，那麼你也將失去群星。」失敗並不可怕，關鍵是要從失敗中總結，及時汲取經驗。

第四章　自動自發，讓責任成為習慣

　　挫折其實就是公司對核心人物最好的考驗。失敗往往是個人成長、企業創新的開始。微軟公司就願意聘用那些曾經犯過錯誤而又能吸取經驗教訓的人。在 IBM 創立初期，創始人老沃森（Thomas J. Watson）的一個下屬搞砸了一個 1,000 萬美元的投資項目，他很擔心，以為老沃森會開除他。老沃森卻說：「你開什麼玩笑？我們剛剛花了 1,000 萬美元來教育你！」微軟的執行副總裁麥可．邁普斯說：「我們尋找那些能夠從錯誤中學會某些東西、主動適應的人。」在錄用過程中，他們總是會問應徵者：你遇到的最大失敗是什麼？你從中學到了什麼？失敗在於總結，核心人物需要摔打。人只有向失敗交過學費，才能更好地答好人生成長這份答卷。

　　做事業本就是一個考驗的過程，是一個不斷探索、從而獲得成功的過程，你不主動迎接工作中的挑戰，工作就會給你帶來各種困難和挑戰來考驗你。只有經受住各種挑戰才能在挑戰中累積經驗，從而把自己的人生和工作帶向一個又一個新的成功。

挺身而出，為企業排憂解難

楊炎是一家大銀行的部門經理，一天，主管人力資源的副總把他找去談話。原來，有一位部門經理突然辭職，留下很多需要緊急處理的工作。副總已經和其他兩位部門經理談過此事，要求他們暫時接管那個部門的工作，但是他們都以手頭上工作很忙為由委婉地推辭掉了。副總問楊炎能否暫時接管這一工作。實際上，楊炎也很為難，因為他也很忙，而且不確定能否同時處理好兩份繁重的工作。但是，他覺得既然副總信任自己，自己就應該窮盡力氣去做好。於是，他當場同意接管那個部門的工作，並保證盡最大努力來完成。

一整天，楊炎都忙得不可開交。下班後他冷靜下來，認真思考應該怎樣提升工作效率，怎樣在同一時間裡完成兩份工作。他很快就制定了方案，第二天就採取了行動。比如，他與祕書約定：把下屬匯報工作集中安排在某一個時間；把所有的拜訪活動都安排在另一個時間；除非緊急而重要的電話，所有的電話都集中安排在某一個時間回覆；將一般會議由 30 分鐘縮短為 10 分鐘；每天對祕書口授工作安排都集中

第四章　自動自發，讓責任成為習慣

在一個時間裡。這樣，他的工作效率有了明顯的提升，兩個部門的工作都處理得很好。

兩個月後，銀行的老闆決定把兩個部門合併為一個部門，全部由楊炎負責，並且對他大幅度加薪，因為他知道只有楊炎這樣的人才能承擔起重任。

楊炎正是企業所需要的自動自發型員工。他勇於承擔責任的行為既是為企業負責的表現，也為自己贏得了機遇。自動自發的員工要具有關鍵時刻挺身而出的意識。只有迎接更多的挑戰機會，才能使得自身不斷地成長與發展。

「不患無策，只怕無心。」對於企業來說，有沒有脫危解困的策略並不重要，重要的是自己在工作時有沒有用心盡心，完完全全擔起一份責任。

責任是每一個人幫助企業解困的態度和決心，帶著責任心去工作，就給自己增添了工作的熱情和動力，就會積極、主動、用心地去工作。

一個人沒有責任心，就不會想到如何去做一件事，如何更好地做一件事。缺乏主動性和自覺性就不會講責任，也不會在做事的過程中承擔應有的責任。這樣一來，必然會對自己的工作敷衍了事，庸碌無為。

責任心強,就會在工作中在其位、謀其政,對自己的行動負起責任,將時間和精力用在解決事情上。透過積極主動地找策略、想辦法,拿出具體的措施來幫助企業。相反,責任心不強,即使企業不是在困境時期,而是在繁榮時期,也不會做到盡職盡責、盡善盡美。

越是在企業困難的時候,能夠站出來幫助企業排憂解危,越是勇於負責就越能得到更多的鍛鍊機會,企業在成功的那天,個人也能走向人生的輝煌。

第四章　自動自發，讓責任成為習慣

第五章

關鍵在責任,重點是實踐

第五章　關鍵在責任，重點是實踐

上工 1 分鐘，盡職 60 秒

　　身著墨綠色的工作服，頭戴手術帽，大大的消毒口罩上方是一雙清澈明亮的眼睛，炯炯有神而又帶著一絲柔情。她，就是小路，某家醫院手術室的一名護理師。

　　在同事們的眼裡，有 21 年工作經歷的她，其兢兢業業的工作軌跡就好比是一個旋轉的陀螺，精準而又永不停息。

　　小路一直要求自己提前仔細做好一切準備工作：穿好工作服，戴上口罩，對著鏡子仔細整理儀表，核對相關資料……所有的工作在她眼裡都要做到精心準備，確保萬無一失。小路 17 歲從學校畢業進入醫院，在護理師職位上一做就是 21 年。

　　早上 7：30，小路和往常一樣，早早地來到手術室，做好上班前的準備工作。醫院是 8 點上班，為了確保手術的正常開展，小路每天都要提前半個小時到班，認真穿好手術衣、戴好口罩、帽子，檢查手術室設施及各種手術器械，核對手術名稱和手術用物是否正確和齊全。一切準備就緒後，小路開始對當天要用的器械進行消毒。

7：50，同科室的醫生護理師們陸陸續續到了，手術室的交接班工作正式開始，夜班的手術護理師會將夜晚手術情況與白班的同事進行交接，手術室護理長會就一些科室日常管理問題跟大家進行交代。隨後大家各自前往工作的手術間，開始準備一天的工作。

8：00，小路今天的第一個病人來到手術室，做的是「腹腔鏡子宮肌瘤剝除術」，「這只是個簡單的小手術，但因病人是第一次做手術，所以比較緊張，手術前我們就對其進行訪視，查對科別、姓名、床號、診斷、年齡、手術名稱及部位、麻醉方式、手術醫師等，和病人溝通交流，讓她術前放鬆。」小路說，「醫院是一個特殊的行業，每一個環節都要認認真真、仔仔細細，哪怕有一樣器械沒有過關，就得重新準備。」

「手術中，護理師也是有分工的，我們刷手護理師負責配合手術醫生，傳遞手術需要的刀、剪、敷料、針線等器械。這對護理師的要求非常高，需要隨時關注手術的進展情況，才能確保在第一時間遞給主刀需要的器械，刷手護理師和主刀醫生一樣要一直站著，簡單的手術兩個小時，長的需要站立十幾個小時，剛開始的時候不習慣，五六個小時站下來小腿發麻腫脹，後來慢慢就習慣了，這也是我們的基本功之一。」

第五章　關鍵在責任，重點是實踐

「手術結束縫合傷口前，我們需要和醫生一起檢查各種器械、敷料，防止相關器械遺留在患者體內。手術結束後，配合醫生及時將病人轉送到術後監護室。病人安全送到監護室後，我們的大部分工作就算完成了，一下子會輕鬆很多，也很有成就感。」小路介紹道，「一臺成功的手術，主刀醫生最辛苦，第二辛苦的就是刷手護理師了。」小路身為手術室裡腔鏡器械組組長，一直為後輩們做好榜樣。

「今天有5臺手術，不知道做下來需要多長時間。」小路告訴記者，病人一上手術檯，手術室裡的工作就跟打仗一樣，手術過程中是沒有絲毫休息時間的。「我們是救人的白衣天使，不可能因為自己的原因，而把病人丟在手術檯上，我們得為病人的生命負責，這是我們的職責。」據小路介紹，一天手術下來，差不多就到了下午下班時間，遇到複雜手術時，還會經常延遲下班。

在科室的分工中，她不僅要負責其他方面的工作，更多的時候她要負責器械，身為一名刷手護理師不僅僅要管手術要用的器械，在手術過程中還要做一名「巡迴護理師」。手術空檔，完成手術相關紀錄，在手術過程中，除非有特殊情況，一般不能擅自離開手術室，要隨時注意手術室內整潔，替醫生擦汗；及時增添手術所需的物品，並記錄備查；手術空檔，小路還要完成手術安全相關紀錄。

上工 1 分鐘，盡職 60 秒。21 年，小路對待工作始終充滿熱情，勤勤懇懇，恪盡職守。她在對職責的嚴格履行中擔當自己的責任，在看似乎凡卻絕不平凡的工作職位上默默奉獻。

所謂責任，就是承擔應當承擔的任務，完成應當完成的使命，做好應當做好的工作。不要以為自己只是一名普通員工，其實你能擔當起你的責任，兢兢業業、恪盡職守做好你的工作，對整個企業而言，同樣有很大的意義。

責任感從何而來？只有真正實踐，才能充滿責任感。想要成就一番事業，必須具有實踐的精神。面對工作任務，以一種勤奮敬業的工作態度，以一種勇於吃苦的思想境界，把工作當作事業。強化責任意識，就要常思職位之責，常想盡職之策，傾心傾力做好每一項工作，無愧於擔負的職責使命。

要敬業樂業，恪盡職守，對工作高度負責，對事業不懈追求，樹立做一行、愛一行、鑽一行的敬業精神，鑄就做事創業、事爭一流的務實作風，形成大膽開拓、銳意進取的創新思維，切實做出成績、做出水準。

第五章　關鍵在責任，重點是實踐

少說空話，多做實事

在職場中有一些員工嘻嘻哈哈，譁眾取寵、華而不實。這類員工都是吹牛能手，語言上的巨人，行動上的侏儒，善於說大話、漂亮話，擅長做表面文章，擺花架子，卻做不出實實在在的工作，甚至在吹噓自己的同時打壓他人，或者東剽西竊把別人的功勞據為己有。

一家私人企業曾一次就辭退了 30 名大學畢業生，只留下了一名大專生。這到底是什麼原因呢？其中一個很重要的原因就是，如今的大學生們倚仗較高的學歷在工作中總是眼高手低、誇誇其談，理論上吹噓得天花亂墜，但沒有幾個能做出模樣來；不但不腳踏實地地安心工作，還總是要求高待遇；更有甚者總是偷奸耍滑，把別人的功勞據為己有。

有這樣一位大學生，在公司滿口都是「泰勒管理」和「品牌效應」，可是讓他去買一箱影印紙，跑了大半天好不容易弄回來的影印紙卻比送貨上門的價格還要貴 20%，連普通的工人都知道打通電話就能送貨上門的事情，他卻費力不討好。這樣的大學生又怎麼能得到主管的認可和器重呢？

相反，那位沒有耀眼學歷的大專生，卻能夠心無旁鶩、腳踏實地的做事，不僅有強烈的責任感，而且業績也很漂亮，這樣的員工又有哪個老闆不青睞呢？

很多人說得多、做得少。在公司裡，自我感覺良好，好像「萬物皆備於我」，對公司這也不滿，那也指責，彷彿自己是個評論家，但到了做事的時候自己什麼也做不出來，沒有一件事能做好。又或者是拈輕怕重，善於投機取巧，贏得鮮花和掌聲這類風光的事情爭著去做，而需要認真吃苦的事則腳底抹油趕緊開溜。

歸根到底，都是因為他們缺乏責任心，因為對企業對同事沒有責任心和使命感，所以總把企業的事情當作與自己無關，這種華而不實的員工難以擔負重任，也最容易見異思遷、背信棄義，勢必會成為企業發展的障礙而成為淘汰、失業的對象。

那些負責任的人都是踏踏實實做事的人，他們行先於言，少說多做，用實際行動贏得別人的信任。

少說空話、多做實事，這是一個既平凡又偉大的工作守則。重視行動的過程，在行動中落實，千方百計取得精采的結果，這不僅展現了一個人務實的工作精神，也展現了一種積極的人生態度。那些只會說空話、喊口號的人，除了受到人們的冷落和反感之外，必然一無所獲。

第五章　關鍵在責任，重點是實踐

不論是天賦異稟的少數人還是企業裡資質平平的員工，只會誇誇其談，而沒有落實，是無法把嘴上說的變成實際存在的成果的。湯姆・彼得斯（Tom Peters）在他著名的《追求卓越》（*In Search of Excellence*）一書中曾說道：「卓越的企業實際上和它們的顧客靠得很近。即：其他的企業在談論這些，而卓越的企業則在做這些。」他一語中的，說出了卓越企業與一般企業的不同之處。

那麼到底怎樣才能擺脫「只說不做」的困境呢？專家有兩點建議。

1. 先做後說

當你想要想當然地發表意見時，記得提醒自己先做了再說，與其把時間花在爭論未知的結果上，不如抓緊時間做出業績。

2. 不要誇誇其談

當解決行動似乎很危險或者我們對未知的事物有恐懼感時，我們就很容易回到誇誇其談的老路上去。「請站到起跑點上……」，當你聽到這樣的話後，做好準備努力向前衝吧，不要又是「各就各位……」。

講求實踐的人，可能說不出太多的大道理和場面話，但是他們有如泥土般的樸實而默默無聞的行動。他們表面上看起來沒有那些急於求成的人那般熱情滿懷，內心其實無比的強大。他們不奢求驚天動地的結局，卻又能常常收穫出人意料的成績。而常常誇誇其談但內心不堪一擊，只求大而空的人，往往在一開始就注定著失敗。

第五章　關鍵在責任，重點是實踐

做事不作秀，實作求實效

　　社會時下流行選秀，選明星、選空姐、選模特兒，還情有可原，一些人居然也乘選秀之「東風」搞選秀作秀，這讓人產生諸多疑問。作秀的最大特徵就是不實事求是，本來不是那麼回事的事偏要煞有介事地裝成那麼回事，把真的說成是假的，將假的說成是真的。

　　通俗來講，作秀的人工作只講對上負責，不講對下負責，做所有的事情都是「秀」給上級看的，只要上級需要，要什麼典型就有什麼典型，要什麼經驗就出什麼經驗，要什麼政績就報什麼政績，至於這樣做在實際當中是否有利於提升生產效率、保障生產安全，卻並不考慮。

　　雖然看起來都是在「做」，作秀和做事的出發點不同，做法不同，結果也大不相同。做事是腳踏實地、規規矩矩地做自己的事情、盡自己的義務；作秀則熱衷於造勢，大搞表面工作，注重形式主義。這些年百姓看到了太多沒有內容的會議、空洞的口號、大而不當的政績工程。那些從官員口中建起的空中樓閣，最終都如海市蜃樓一般，在民眾失望的目光

做事不作秀，實作求實效

中成為笑談。在民意面前，實實在在做出一點真事才更有實際的意義。

凡事想作了，才會有希望；不想，則一事無成。想是願望所致，想是職責使然，想是事業心責任感的表現。不想作事，不願打基礎、使長勁、求實效，甚至拔苗助長、竭澤而漁，最終必然會導致脫離實際，脫離群眾，官僚主義盛行，做官當老爺。很難設想，一個浮躁的主管怎能設身處地地替老百姓著想，與他們同甘共苦，同心同德。

踏實工作不翻來覆去是解除浮躁、做好工作的前提，只有在工作職位上踏實肯做、努力工作，才會得到豐碩的回報和別人的認可。

對一個負責任的人來說，想做事的願望，來自「在其位、盡其責」的事業心和責任感，來自促出發展的緊迫感。一個想做事的人不會局限於浮躁打造的表面工程，他們會為了改變自身的境況，具有實踐精神的基層主管會想盡一切辦法解決工作中遇到的困難，踏踏實實把自己的工作做到完美，在基層工作中取得輝煌的成就。

工作靠實，事業靠做。每一個認真負責的人都要一切從實際出發，出實招，辦實事、求實效。要老老實實、實實在在地做，不投機取巧，不懶惰懈怠，不脫離實際，不半途而廢。

第五章　關鍵在責任，重點是實踐

埋頭做事，機會來自努力

埋頭，就是做工作低調做人，專心致志，埋頭苦幹。出頭，就是施展才華，有所作為，實現理想抱負。埋頭是出頭的前奏，是為出頭做累積，做準備；出頭是對埋頭的回報，對埋頭的獎賞。

一個員工的價值展現在業績上，而不是高談闊論、虛張聲勢上，要知道，如果不切實做出成績，就算一個人真有經天緯地、運籌帷幄之才，又有誰會買他的帳呢？恐怕只能增加別人對他的厭煩。

有一位智者曾經說過：趴在地上做事是最厲害的站著。把嘴巴閉起來去工作，是成功的重要因素。責任心正是展現在埋頭做事的能力之上。很多時候，我們並不是因為工作太難而執行效果不佳，而正是由於自己不夠努力，沒有腳踏實地地做事。

很多人羨慕35歲的柯比·布萊恩（Kobe Bryant），身為96黃金一代中的佼佼者，他獲得了21世紀NBA頭十年最佳NBA球員、兩次奧運會冠軍、5次NBA總冠軍、7次NBA

西區冠軍⋯⋯有記者追問柯比為什麼能如此成功？柯比的回答是：「我知道每一天凌晨 4 點洛杉磯的樣子。」

有句話說：「不管你喜不喜歡，你都得有事做，強迫自己工作並盡最大努力做好，可以培養自控能力、勤奮、意志力等各種美德。在懶惰的人那裡，是沒有這些優點可言的。」

那麼，想要實現「趴在地上」做事究竟應該怎麼做呢？

1. 不浮躁

浮躁的心在執行過程中是非常不可取的，浮躁會讓一個人心高氣傲，眼高手低，空有幻想，卻沒有落實。

在職場上最不缺的就是想做大事的人。許多人認為做大事是對能力的肯定，是一件非常光彩的事情。這些人總想做那些顯得重要和表現上風光的工作，所以對待一些小事和細節，就心不在焉，敷衍了事。

大目標是由一個個小目標組成的，在執行中，只要能夠按部就班地完成好每一個小目標，大目標的完成也就自然而然水到渠成了。

2. 不焦慮

在焦慮情緒下，我們可能在工作中做出不冷靜的事情，

第五章　關鍵在責任，重點是實踐

不經意間傷害到別人又後悔不已。此時若恰有同事找你，不妨直接表達想法：「我很想幫助你，但我現在很忙，真是對不起。」別人聽你這麼一說，也就不會打擾了，相反，遇到熱心的同事，還會主動幫你分擔一些工作，幫你舒緩一下緊張的情緒。

　　當工作壓力較大時，要積極調動理性的神經中樞，避免用情緒化的方式與別人交流，將自己的負面情緒轉嫁到別人身上，引起人際衝突。為了阻斷負面情緒嫁接，當我們情緒不好時，不妨換個思維思考事情，工作沒頭緒，更要學會如何協調。當理性發揮作用時，你的做法也一定會改變。

勇於負責多做事，
勇於擔當能成事

在現實中，常常看到有兩種人不想做事：一種人是偷懶不作為，這種人隨大流，尤其是當利益不是明明白白地擺在面前時，或者說即使有利益，但不是現實利益，可能是長遠利益，可能要靠長期的努力和不懈的挑戰才能實現，那麼，他可能就會懶懶的沒有什麼積極性。

還有一種人，怕承擔責任，所以不作為，因為做不好丟了面子事小，責任又由誰來負呢？所以為了「個人安全」，他們不會積極多做事。

每個人每天都在做事，但負責的人應主動多做事。只有憑藉主動的信念，在工作中不懈追求，不斷為自己尋找可做的事情，才能在實踐中使自己獲得鍛鍊和提升。

不躲事，多做事，是一種責任、一種境界、一種修養、一種追求。能做事、做實事，需要特別注意防止和克服以下幾個問題：一是患得患失。怕做多了事冒出頭，當了「出頭

第五章　關鍵在責任，重點是實踐

橡子」。二是名利想法過重。在想問題做工作時，只看是否能得到名利、能否引起上級注意，對出不了風頭、圖不了名利的事，能推就推，能拖就拖。

不多做事，就容易出「事」，不做事就會有只吃不做、只占位不作為的嫌疑，遲早是企業和團隊淘汰的對象。從一個企業的發展考慮，更需要的是多做事、會做事的人，更關鍵的是要能成事，有所作為。

美國某財團的繼承人墨菲在進入家族企業工作時，並沒有直接就任父親為他安排好的職位──總經理，而是詢問公司哪一個部門的工作可以在最短的時間內熟悉公司的所有員工和公司的帳務情況，得到的答案是──財務部門。於是，他力排眾議到財務部門做了一個小職員。但他明白自己的使命不是在財務部門「沉默」，於是利用工作之便，在 3 個月內便弄清了公司的業務發展情況和公司員工的細節情況。半年後，他回到了總經理的位置上，開始利用自己掌握的第一手資料，對公司營運中存在的弊端進行大刀闊斧的改革，裁減了一批人，提拔了一批人，並對公司帳目進行整頓，在短短一年內，使公司的利潤有了大幅度提升。

如果墨菲沒有能成事的擔當和抱負，不認真尋找問題，很可能就無法看出公司的弊病所在，也無法如此迅速地對症下藥，給公司帶來良好的經濟效益。

一是把難事辦好。不要總是只做容易做的事，一些困難的事、棘手的事要勇於挑戰，不要繞道而走，見到了問題不要害怕。

二是把大事辦成。很多人只喜歡做小事，小修小補，小作小為，即使遇到了大事，也總是推託。遇到了大事，就一定要有能成的欲望，就要找各種資源、想各種辦法把事情辦好。

但凡做事的人，都有一種執著的追求和強烈的使命感，這種人終日辛勤工作，任勞任怨，兢兢業業，勤勤懇懇，總有做不完的事。他們除了做好自己的本職工作，還做些分外之事，力爭多做事，做好事。因此，做成事是一種責任，是一種內涵，是一種素養，是一種境界。

第五章　關鍵在責任，重點是實踐

第六章

左腦責任意識，右腦網絡思維

第六章　左腦責任意識，右腦網絡思維

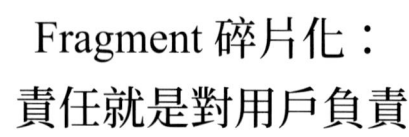

Fragment 碎片化：
責任就是對用戶負責

今天的我們，已經生活和工作在由手機、電腦等連線而成的網路時代，隨著網路企業加入到電視、手機生產等傳統行業，網路行業一些擔當責任的做法更值得學習。網路企業更強調責任，網路時代更需要責任意識和擔當精神。

由「產品經理」這類人的思辨而引發了叫做「網絡思維」的東西。這個思維已經不再局限於網路，與當初人類史上的「文藝復興」一樣，這種思維的核心即將擴散開去，對整個大時代造成深遠的影響。不止產品經理、極客（geek）或程式設計師，這筆寶貴的精神財富將會顛覆並且造福於人類熟知的各個行業。

雖然很多人都不是網路的從業者，但大家必須具備網路的思維模式，以這樣的思維模式看待你所從事的行業。一些原來從事網路的人開始進入傳統行業，比如煎餅果子等。傳統行業也應該多引進網路公司的人才，這樣才能不會在競爭中被淘汰。

Fragment 碎片化：責任就是對用戶負責

在網路碎片化時代，第一個，也是最重要的，就是用戶思維。用戶思維，是網路思維的核心。其他思維都是圍繞用戶思維在不同層面的展開。沒有用戶思維，也就談不上其他思維。

以前的企業也會講「用戶至上、產品為王」，但這種口號要麼是自我標榜，要麼是出於企業主的道德自律。但是在數位化時代，「用戶至上」是必須遵守的責任準則，你得真心討好用戶，因為用戶口碑和好評變成了有價值的資產。

網路公司的產品都是為了滿足用戶的需求，少有創造用戶需求的。而傳統企業往往是自行生產產品，然後配之大量的廣告促銷等活動，把產品推銷給顧客。而隨著網路的發展，用戶獲得資訊的管道越來越碎片化，以及自主意識的增強，傳統企業的方式開始慢慢失效。

某網路公司董事長認為，不以用戶為中心的產品，無法真正解決用戶的問題，終將失敗；。必須從市場定位、產品研發，生產銷售乃至售後服務整個價值鏈的各個環節，建立起「以用戶為中心」的責任文化，不能只是考慮用戶，而是要深度理解用戶，只有深度理解用戶才能生存。商業價值必須要建立在用戶價值之上，沒有認同，就沒有合約。

賈伯斯可算得上是用戶體驗大師，賈伯斯曾說：「在我們定下的設計標準中，最重要的一點就是，我們想要為顧客

第六章　左腦責任意識，右腦網絡思維

創造不一樣的體驗，讓他們感覺更像是一個大圖書館，帶有自然的光線，就像是贈予社會的財富。這完美的世界，就是我們想要的蘋果直營店。我們不希望一家商店就只有商品而已，而應該具有一系列體驗，一系列超乎商店的體驗。」

許多客戶第一次走進蘋果的店面時，最大的感受就是蘋果店的環境設計和其他 IT 電子產品的店面完全相異。看上去樸實無華的桌架上，各種產品的展示、使用恰到好處。客戶購買完畢走出店面時提的購物袋，也可以製造出一種獨一無二的獨特購物體驗。

蘋果公司原零售資深副總裁羅恩．詹森（Ron Johnson）在 2006 年說過：「我想像中的直營店是一個屬於大家的商店，是所有年齡層的顧客都喜歡的地方，在這裡，顧客能感受到他們真正屬於這個地方。」

誰對用戶負責，誰的體驗好，用戶就用誰；誰在這個體驗當中讓用戶感受到了，用戶就選誰。

一位網路公司高層說：很多時候，我們的思維邏輯停留在「做了什麼」，而不是「用戶感受到了什麼」。譬如，一做廣告宣傳，就愛說集中了多少專業的工程師，歷時多少年研發而成等。而別人可能就兩三個人做一款小遊戲，結果打贏了所有大企業。例如在國外特別熱門的一個遊戲，就是瑞典的 10 人小團隊做的，已有超過 5 億的用戶，但其實就是個

Fragment 碎片化：責任就是對用戶負責

消消樂遊戲。本質上它的消除沒什麼特別，就是 3 種相同顏色輕按兩下一下，但它把朋友間的炫耀和比較、好友的分享與幫助做進去了，抓住了用戶的社交關係。而且，遊戲裡每一個音效、動畫都做得很精緻，正是這種體驗讓用戶有了極佳的感受，所以很快就流行了。所以，要做讓用戶有感知的事情。

所以，你的世界是什麼或做了什麼，和用戶一點關係都沒有，他們只關注自己關心的點。

企業的策略制定應該來自用戶的需求，只有以用戶的需求為導向，以占領市場為導向，不斷地創新，企業才能更好地生存和發展。管理大師杜拉克說：「企業不是要去改造顧客，而是要滿足顧客。缺乏市場意識是大多數新企業的通病，在企業的早期階段，這是最嚴重的問題，有時甚至會永久地阻礙那些倖存下來的新企業的發展。」

正如人們常說的「不是環境來適應你，而是你要去適應環境」，企業的產品和服務是由用戶決定的，而不是企業本身。不要試圖去改造用戶，而是要離用戶近一點、再近一點。

英國劇作家、詩人羅伯特·白朗寧（Robert Browning）曾經說過：「燃燒的燈火如果不添油的話，終將熄滅。」同樣的道理也適用於企業，如果企業想要長遠發展的話，就必須得

第六章　左腦責任意識，右腦網絡思維

在顧客滿意度上花費心思。為了做到這一點，則需要投入更多的金錢和時間。如欲火燃，焉能無油？要相信，最終火焰一定會越燒越旺。

一位集團 CEO 曾經說過：「產品研發中最容易犯的一個錯誤是：研發者往往對自己挖空心思創造出來的產品像對孩子一樣珍惜、呵護，認為這是他的心血結晶⋯⋯其實，這些都是不尊重用戶、不以用戶為核心的展現。我相信用戶群有客觀差異，但沒有所謂高低階之分。不管什麼年齡和背景，所有人都喜歡清晰、簡單、自然、好用的設計和產品，這是人對美最自然的感受和追求。」

的確，有時候開發者在設計時總覺得把產品設計得越厲害越好，但真正好的產品其實不需要所謂非常厲害的祕方和高深的技術，因為抱有這種想法的人往往會為了展現自己的本事而故意做出一些標新立異但用戶不需要的東西，最終變成捨本逐末了。

相信用戶永遠沒有錯，不在產品賣不出去的時候找藉口，也不在無法滿足用戶需求時試圖改變用戶去接受你的產品。只有對用戶負責，才能真正做到離用戶近一些、再近一些，企業也才能更好地生存和發展下去。

Fans 粉絲：
對粉絲負責才是對企業負責

　　產品為什麼會有粉絲？是因為我們對產品負責，讓用戶由衷地喜歡上了我們的產品。一個粉絲的價值到底有多大？社區媒體監測機構 Syncapse 調查了全球第一社群網站 Facebook 上前二十大品牌的 4,000 名粉絲，結果顯示 Facebook 每個粉絲的價值在 136.38 美元左右。Syncapse 根據對 Facebook 上的調查結果顯示，平均而言，某品牌的粉絲願意為自己喜歡的品牌多掏 71.84 美元，不是該品牌粉絲者則不會。

　　品牌需要的是粉絲，而不僅僅是會員！粉絲不是一般的愛好者，而是有些狂熱的痴迷者，是最優質的目標消費者。因為喜歡所以喜歡，喜歡不需要理由，一旦注入感情因素，有缺陷的產品也會被接受。所以，未來，沒有粉絲的品牌都會消亡。

　　美國社交公司 Zuberance 的工作就是為不同公司尋找他們品牌的粉絲，之後尋求品牌和粉絲的合作方式並且追蹤記錄所產生的效果。它定義品牌粉絲為每年至少為他人推薦某

第六章　左腦責任意識，右腦網絡思維

品牌、消費該品牌產品或服務至少一次且和該品牌沒有利益關係的網路用戶，這個族群會自發地在日常生活中、在社交網路或者其他網站上為該品牌做宣傳。

2012年1月，Zuberance對部分民眾做了調查，調查發現，在美國38%的人每個月為別人做約一次消費推薦；12%的人表示他們每週都會為別人做多次推薦，同時，70%的人表示每年最少為別人推薦5個產品或服務；16%的人每年最少為他人推薦15款產品或服務。

每個品牌都應該抓住這些機會，找到自己品牌的粉絲，徵求他們的意見，比如他們對社群媒體上的互動活動有什麼建議，當品牌得到了這些資訊，抓住機會滿足並超出他們的預期，粉絲會為你發狂的。

這個世界上最熱門的品牌是要讓消費者一聽到名字，就爭先恐後、不惜多花錢也要買的品牌。而對於負責人的員工而言，若要自己的產品擁有廣大的「粉絲」市場，就必須要理解產品所面對的消費族群，並且和這個族群建立長久的關係，更重要的是，必須對粉絲的需求負責。

Focus 焦點：
專心做好每一件事

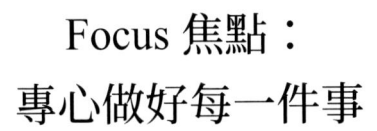

「練書法其實只要寫好一個『永』字就夠了，就能把所有漢字都寫得很好看。『永字八法』，一個『永』字就涵蓋了所有漢字的筆法精意，這不就是『大道至簡』嗎？」

大道至簡，少就是多。只有足夠專注，才能將一件事情做到極致。

專注是運用網絡思維的企業的一個重要特徵，也是企業成功的關鍵要素。網路是一個蓬勃發展的行業，孕育無限商機，但任何一個企業都無法滿足所有的需求，縱觀網路成功企業，大多是從專注某一業務領域做起。

1997 年，接近破產的蘋果請回昔日的老幫主賈伯斯。賈伯斯一回到蘋果，就向整個團隊傳達了一個理念：決定做什麼和決定不做什麼一樣重要。他舉行了一次產品評估大會，發現蘋果的產品線十分分散，有很多產品根本沒有做下去的必要。比如版本繁多又編號複雜的麥金塔電腦，在他的眼中就是十足的垃圾產品。「這麼多的產品，這麼多的版本，你

第六章　左腦責任意識，右腦網絡思維

們究竟向別人推薦哪一個？」賈伯斯很快就將 70% 的產品砍掉了。

賈伯斯在白板上畫了一條橫線和一條直線，畫了一個方形四格圖，在兩列頂端寫上「消費級」、「專業級」，在兩行標題下寫上「臺式」和「便攜」，「我們的工作就是做 4 個偉大的產品，每格一個」。之後，蘋果高度集中研發了 Power Macintosh G3、PowerBook G3、iMac、iBook4 款產品，就是這 4 款產品讓瀕臨破產的蘋果起死回生。

緊接著，他又宣布停掉了「牛頓」專案。他說，上帝給了我們 10 隻手寫筆，我們就不要再多發明一個了。蘋果著手研發新的行動裝置，最終做出了 iPhone 和 iPad。

「難的不是出 10 款手機，而是簡簡單單做好一款手機。」蘋果就贏在只專注於一款手機的開發。

在通訊發達的資訊時代，很多上班族已經「習慣」同時做多件事，就像電腦的「多執行緒」（multithreading）執行：上班時，電腦上掛著 Line 或 Meet，多個大頭照都在閃動；用於工作的文件開著，新聞網頁、各種論壇，甚至是愛玩的小遊戲，也都同時打開；辦公桌上的手機還會不時響起簡訊、電話鈴聲……專家提醒，縱然工作的能力再強，這樣的精力分散還是會帶來一定的負面影響──專注力減弱，工作效率嚴重降低。

Focus 焦點：專心做好每一件事

　　小麥在一家公司做內勤工作，工作內容龐雜多變。一上班，她就習慣開啟電腦上的 Line，Line 上的同事、朋友只要說話，她總是有聊必應。在公司開通了 FB 粉專後，維護的工作也由小麥負責，這樣一來，小麥每天都忙得不亦樂乎，加班也成了家常便飯。不過，一天下來雖然她總覺得自己做了很多工作，仔細想想，卻又好像沒做成什麼。

　　一次，主管要小麥趕一份文件，一早上班時交代下來的任務，直到中午下班，小麥還只是寫了個開頭——沒辦法，剛剛過完年，很多同事都在 Line 上和小麥談工作上的事情，還有一些和工作無關的閒聊也來湊熱鬧，讓小麥一直無法靜下心來。

　　直到下午快下班主管來催時，小麥頓時慌了神，沒辦法，乾脆關了 Line，專心寫文件。「如果真有急事，肯定會打電話找我的」，沒想到，平時花幾個小時才能寫好的文件，這次只花了一個多小時就完成了，主管看後還很滿意。小麥趁熱打鐵，乾脆又把公司的粉專更新了一下，對每封私聊信件都進行了回覆，而這項工作，平時她最少也要花一個下午的時間，這次卻一個小時就做完了。

　　再打開 Line，對同事們問的問題逐一回覆，也完成得很快，臨下班前她甚至還玩了玩一直沒時間玩的小遊戲。

　　最近，小麥保留了這種新的工作習慣——盡量做完一件

第六章　左腦責任意識，右腦網絡思維

事再做另一件，不同時進行幾項工作，結果，她每天都能準時下班了。

和小麥情況類似的員工不在少數，某知名應徵網站曾對8,000多名職場人士進行過相關的調查，結果顯示：69.5%的人在工作時會停下手頭的工作，導致注意力分散；32%的人則表示自己的注意力一旦被打斷，得花好一陣子才能重新集中。

和過去相比，如今工作場所最顯著的變化，莫過於用電子設備替換了原始的紙和筆。由於大腦每天都會接觸到大量的資訊，每時每刻似乎都有很多事情要去做，因此為節省時間，不少職場中人已經習慣於同時思考和處理兩三件事。然而，不可避免地，在處理多件事情的同時，思路時常被打斷，許多工作甚至要從頭再來。這樣，時間就在各種任務的切換中「偷偷」溜走了。

而且，同時處理多件事情還會帶來壓力感和焦慮情緒，致使員工們只能分配部分注意力集中到應該關注的事情上。這樣非但無法更快地處理問題，還會降低工作效率。

失敗者失敗的原因各不相同，成功者的成功卻有一個共同的原因——專注。在全球富豪榜名列前茅的巴菲特從11歲開始買第一檔股票，到如今90多歲了，仍沒有改行的打算，他早就計劃做一輩子的投資大師了。巴菲特視那些更加

Focus 焦點：專心做好每一件事

賺錢的行業如糞土，不管股市是牛市還是熊市，他都只專注在這一棵樹上了。

那麼，具體到每天的工作中，我們應該如何加強自己的責任心，如何提升職場專注力？下面有三招，值得借鑑：

招數一：專心做好一件事。

數位時代，我們每天都需要處理大量的資訊，當這些資訊雜亂無章地擺在眼前時，很容易讓人產生焦躁情緒。所以應該提前做好時間規劃，一次只做一件事，先選擇最重要的，做好之後再做其他事情，這樣，做事的效率就會明顯提升。需要注意的是，在分配時間時最好在每件事情中間留出一定的空檔，避免有意外事情突然插進來時打亂陣腳。

招數二：做事設定時限。

收發郵件、瀏覽網頁等零碎的事情，常常會將有規律的上班時間分割成零零散散的碎塊。缺乏明確的目標時，思緒就很容易被各式各樣的雜事打亂。所以在做事之前，我們要充分認知做這件事情的目的和程序，進而為其設定有效的時限，透過時間的壓力來維持工作的動力。如果目標過於長遠或一時難以達成，則可以將其分解為若干個可以階段性完成的小目標，並且也為這些小目標設定時限。

招數三：適當休息減壓。

疲勞也會影響人的專注力，長時間、高負荷的工作會消

第六章　左腦責任意識，右腦網絡思維

耗大量精力，繼而導致倦怠和注意力渙散。此時適當的休息和調整是十分必要的，比如可以讓不同類型的工作交替進行，避免工作的單一化；也可以在工作的間隔起身活動活動，或是聽聽音樂、與同事聊聊天，都能夠緩解煩躁的情緒，平息因工作產生的負面情緒。

俗話說，十鳥在林，不如一鳥在手。負責任的人既然選定了一個領域、一份工作，就必須專注地投入，做到思之、想之、談之、鑽之、恆之；把它弄懂、弄通、弄透、弄專、弄精，盡自己最大努力，調動全部的資源和能量將其做到最好。只有這種心無旁騖的堅定信念和十年磨一劍的專注精神，才會更好地對工作、對企業負責，才會讓自己和企業達成雙贏。

Fast 快：
不斷修正做到盡善盡美

　　傳統企業做產品的路徑是，不斷完善產品，等到完美的時候再投向市場，再修改完善就要等到下一代產品了。而網絡思維則不然，講究的是快，盡快地將產品投向市場，然後透過用戶的廣泛參與，不斷修改產品，達成快速迭代（iteration），日臻完美。

　　特斯拉是不斷迭代的典範，但它不是一開始就走這個模式的。特斯拉生產第一款車時，沒有自己的生產線，那款車的整體結構是從一個英國品牌買到的。由於這個車整體上是買一個已有車的結構，所以它沒有辦法做出一個革命性的電池安置，只好把大塊電池塞在空間。第一款車非常難看，結構設計不合理，等於背部背了一個大炸彈。但到現在，特斯拉就已經完美地解決了這個問題。它沒有服務中心，一旦有問題就派出一個大車，裡面裝一些工具，把車開過去解決問題，它最開始都沒有服務中心，而現在，這些中心完全可以和最好的汽車中心媲美。所以迭代是顛覆式創新的靈魂，在

第六章　左腦責任意識，右腦網絡思維

特斯拉整個發展過程中，迭代發揮非常大的作用。

在飛速發展的網路行業裡，產品是以用戶為導向在隨時演進的。因此，在推出一個產品之後要迅速收集用戶需求進行產品的迭代──在演進的過程中注入用戶需求的基因，完成快速的更新換代裂變成長，才能讓你的用戶體驗保持在最高水準。一個負責的人不要閉門造車以圖一步到位，否則你的研發速度永遠也趕不上需求的變化。

於是，你看到網路推出的通常顯示測試版，也有封測、公測等概念。網路會重視用戶社群，重視粉絲基礎，依靠用戶的使用體驗，幫助完善產品，達成快速迭代，力求盡善盡美，而這也正是企業高度責任感的展現。

First 第一：
把工作做到極致

「剛剛好」和「差不多」的心態都是工作中的大忌，只是像個機器人一樣，每天得過且過地混日子。凡事不求有功，但求無過，這樣的態度是無法獲得同事認可和主管器重的。只有認清自己的責任，身負使命感，不斷追求極致，力求盡善盡美的人，才能最終贏得業績和榮譽。

我們必須承認，我們大多數人都是很平凡的，我們的能力其實也不會相差太多，能夠獨當一面的人畢竟只是少數。但即便是一位資質平平之人，如果能具備堅忍不拔、追求極致的品格，想要吸引雇主的注意也並不完全是件難事。一步一步實現自己的理想，從平凡人之中脫穎而出，也不只是一個「遙遠的夢」。

想要實現這個優秀的夢，以下幾條「最佳化法則」可以借鑑。

第六章　左腦責任意識，右腦網絡思維

1. 時刻提醒自己，要有精品意識

在覺得工作索然無味、難以突破的時候，在覺得自己喪失了動力、倍感倦怠的時候，就該問問自己，還能不能做得更好？你會發現，提升空間一直都在，從而鬥志倍增。

如果在每個細節上都做得比別人好，綜合起來你設計的就是一個比別人好很多的東西。就像水一樣，九十九度是水，加一度，就成了氣。累積「小贏」，實現「大贏」。

2. 扼殺得過且過的心理

當主管說「這次就先這樣的時候」，你就不要再自欺欺人了，是的，你做得不夠好，主管對你這次的工作成果並不滿意。你不應該得過且過，輕易放過自己，而應立刻坐下來，把工作再精益求精，給主管一個驚喜。如果一個人只是滿足於「剛剛好」的狀態，不思進取，成功將永遠是遙不可及的事情。更為重要的一點是，沒有人應該對自己感到心滿意足。成功源於做最好的自己，發揮自己潛在的天賦。不論你是普通員工還是管理階層，甚至只是試用期的實習生，在不犧牲健康或其他更重要事情的前提下，做不到最好的自己就意味著失敗。

本田汽車公司（Honda）的總裁兼執行長福井威夫曾說過：「本田汽車最為艱鉅的工作不是汽車的研發和技術創新，而是生產流程中技術工人對一根繩索不高不矮、不偏不倚、沒有任何偏差的擺放和操作。」這對我們應該是一個重要啟迪。

第六章　左腦責任意識，右腦網絡思維

第七章

人人負責,打造正能量團隊

第七章　人人負責，打造正能量團隊

傳遞正能量：從承擔責任開始

暢銷書《祕密》(*The Secret*) 的作者朗達·拜恩 (Rhonda Byrne) 說過這樣一句話：宇宙中有一股強大的正能量，這股「能量」能讓人擁有想要的一切。這句話揭示了吸引力的祕密，也和正能量團隊的理念不謀而合。擁有正能量的團隊，就擁有著正面的吸引力，能夠吸引宇宙中的一切正面因素，包括成功。

而想要讓自己的企業和團隊充滿正能量，每個員工都要具有互相合作的夥伴理念。作為全美第一大零售商和世界 500 大的公司，沃爾瑪 (Walmart Inc.) 擁有 120 多萬名員工。在沃爾瑪，不論你是普通的雇員還是高層的主管，都互相以「夥伴」相稱。這固然是緣於沃爾瑪本人謙遜、平等的理念，但也是現代企業在發展過程中所要求的。在公司裡，每個人都感到自己被尊重，都有實現自我並不斷提升的空間，都對公司充滿了熱愛與忠誠。這是沃爾瑪一直在行業中保持領先的主要原因 —— 團隊正能量。

在我們的日常工作中，當出現問題或過錯，我們會習慣

性地先抱怨他人，並理所當然地為自己的失職尋找諸多理由。但是，抱怨是推卸責任的藉口，非但無法解決問題，還會影響團隊及他人的士氣！

一個缺乏責任感的團隊是不可信任的，不管這個團隊看起來是多麼的強大，只要沒有責任意識就注定要失敗、滅亡。一個高效率的團隊必然是由一群勇擔責任的成員所組成。

我們要能為了團隊而放下自己，要能為了大家而放下小我，這就是團隊責任。只關心自己是做不好團隊的。只有每個人投入，沒有保留，團隊才能產生強大的凝聚力和向心力。

小錢是公司的一名行銷部門新人，最早的任務就是幫助剛成立不久的分校派發傳單。在人流量大的街道，發放傳單其實是很容易的事情，但是被人轉手丟棄也時有發生。每次派發結束後集合的時候，行銷部門陳主管總發現小錢是最後一個回來的，不禁在心裡埋怨怎麼招了這麼一個笨手笨腳的員工。

一次，陳主管在結束派單時發現唯獨找不到小錢，於是匆匆趕往小錢負責的區域，誰知他驚奇地發現小錢正在彎腰撿著地上散落的傳單，於是奇怪地問小錢在做什麼。

第七章　人人負責，打造正能量團隊

小錢笑著說：「這是公司的傳單，這樣躺在地上，別人會覺得我們不專業。」

小錢彎腰撿傳單雖然是一個很小的動作，但是他以一己之力向整個行銷部門的團隊都傳遞了承擔責任的正能量，激發了整個隊伍的正向精神。

1. 不要先說別人，要說自己

在需要有人站出來承擔責任的時候，不要先批評別人，而是要先批評自己，把焦點放在自己身上，從自己這方面找原因。

2. 帶頭承擔責任

美國籃球超級明星麥可‧喬丹（Michael Jordan）常處於巔峰狀態之中。他產生這種巔峰狀態的關鍵是要有自我責任感，他覺得他應該挑起團隊，承擔進攻和得分的責任。

柯林斯在《從優秀到卓越》一書中所說：「第五級經理人（卓越的經理人）朝窗外看，把成功歸於自身以外的因素；當業績不佳時，他們看著鏡子，責備自己，承擔責任。」只有具備這樣高尚的品格，才會衍生出許多有利於企業發展的舉措和影響力。

與團隊目標一致，
與企業保持合力

　　獲得 2014 年美國籃球職業球賽冠軍的馬刺隊（Spurs）的當家球星鄧肯（Timothy Duncan）說，團隊是相同信念的人朝同一目標努力。團隊是有目標導向的，團隊隊員不僅了解團隊的目標，認同團隊的目標，並以團隊目標作為其行動與決策的中心。

　　身為企業的一名員工，必須與公司制定的目標保持步調一致，才能與團隊產生最好的化學反應，並使各個團隊的能量達到最大。

　　但在現實中，有些員工的努力方向沒能跟企業和團隊的目標保持一致，結果出現南轅北轍的結果。

　　李浩是一家企業採購部經理，由於公司原來生產的數控車床已經落伍，訂單日漸減少，利潤直線下降。在這種情況下，公司把主要策略目標轉移到生產換代產品上來，並決定逐漸淘汰已經落伍的老產品。

第七章　人人負責，打造正能量團隊

　　由於過去生產的數控車床產量大，企業擁有很多用戶。這些用戶仍舊到這個企業來採購一些零元件，用於車床的維修。

　　李浩看到這種情況，認為老式數控車床依然大有可為。在他的安排下，他手下的採購員到各原配件生產廠商調回大量零配件，以滿足企業生產和用戶的購買。

　　沒過多久，企業生產的換代產品就出來了，那些老用戶也紛紛購買新的換代產品。企業停止生產原來的產品，致使採購回來的零元件大量積壓，企業損失了一大批資金。公司上層發現這種情況時，為時已晚。

　　因李浩的努力方向並不是跟隨公司的目標，所以，他的努力不僅白費了，反而為企業造成了本可以避免的損失。

　　一個員工，應該跟隨企業的目標，把個人的努力融入公司的發展目標中去，員工的使命就是對公司的目標瞭然於心，努力去幫助老闆完成他的現實目標。

　　馬雲說，不要讓同事為自己工作，而要讓同事為企業的目標和理想工作。共同努力，團結在一個共同的目標下面，要比團結在一個企業家底下容易得多。所以他首先要說服大家認同共同的使命，而不是讓大家為企業家個人工作。擁有了統一的目標和使命，企業全體員工就會朝著同一個方向前進，形成強大的推動力。

與團隊目標一致，與企業保持合力

一個真正的團隊是一支不斷變化的、充滿生命力的隊伍，在這個隊伍中有許多人在一起工作。他們在一起討論任務、評估觀點、做出決定併為達到目標而共同奮鬥。

林濤是某網路公司的區域經理，負責Ａ市的市場，和他合作的上級對他也很器重，雙方合作愉快，共同取得了很好的業績。

今年，他的上級被外派出國，新來的上級馬輝對林濤的工作方法頗有微詞，意見很大。恰逢公司要開拓Ｂ市的市場，由於業績表現傑出，林濤被派往Ｂ市。為了打開市場，他不得不去做一些公關。

公司規定，一次性支出達5,000元的要匯報。一次，他的一個大客戶提出去國外考察，林濤來不及匯報，就自作主張花了6萬元，後來客戶表示：以後公司的業務他只認林濤，林濤當然很高興。

月底報帳的時候，馬輝發現了這筆帳，非常惱怒，認為林濤是在挑戰他的權威，狠狠地批了他一頓，並扣發他當月獎金。林濤深感委屈，想要調離Ｂ市，回到熟悉的Ａ市。然而，此時正是與那位客戶專案合作的關鍵時期，想到客戶只和自己合作，現在換人來做，肯定損失巨大。他沒有辯解，繼續努力工作，最後順利完成了這一專案。林濤為公司在Ｂ

第七章 人人負責,打造正能量團隊

市的發展打開了市場,也贏得了公司高層的信任,最終被提為業務經理。

捨棄個人的私利,永遠把團隊目標放在第一位,這是團隊每個成員應該具備的基本素養,也是團隊精神的最好表現。共同的目標是團隊精神的動力,是把人們凝聚在一起的奮鬥方向。

不越權越位，認清自己的責任

有一天，美國經濟學家加爾布雷斯（John Galbraith）回到家後感覺疲憊不堪，他想睡一個好覺，於是特意吩咐自己的女傭，無論是誰來電話，都不要打擾他。加爾布雷斯先生剛剛入睡，女傭就接到了詹森總統（Lyndon B. Johnson）打來的電話。女傭用一種十分客氣、委婉的語氣對總統解釋說：「加爾布雷斯先生剛從國外講學回來，很疲勞，剛剛入睡。請總統先生原諒，我暫時還不能叫醒他。」

詹森說有要緊的經濟政策問題與加爾布雷斯商量，執意要女傭叫醒他。女傭耐心地解釋說：「不，總統先生，他身體有些不適，方才曾特意囑咐過我，他不接任何人的電話。我現在為他工作，為他負責，而不是為你工作。待他睡醒之後，我一定將你打來重要電話的事情及時地轉告他。何況只有在他休息好之後，才能精力充沛地與你討論經濟政策問題，你說對嗎，總統先生？」

這位女傭說得有理有據，滴水不漏，詹森心服口服，只好放下電話。加爾布雷斯睡醒之後，立刻去見總統，並表示

第七章 人人負責，打造正能量團隊

了深深的歉意。沒想到詹森總統毫無怪罪之意，反而對他的女傭大加讚賞，並建議說：「請轉告你的女傭，如果她願意，那就請她到白宮來工作，這裡需要像她那樣的人。」

這位女傭的行為為我們的工作提供了一個十分有益的原則：清楚自己要為什麼負責，並認真負起自己的責任。在團隊中，要學會補位，同時也要學會承擔適當的責任，不要越權越位，做好自己該做的事情。

在一個團隊裡，每個人都有自己的責任。但要區分責任和責任感是不一樣的概念，責任是對任務的一種負責和承擔，而責任感則是指一個人對待任務的態度，一個員工不可能去為整個公司的生存承擔責任，但你不能說他缺乏責任感。所以，認清每一個人的責任是很有必要的。

認清自己的責任，還有一點好處就是，能減少對責任的推諉。只有責任界限模糊的時候，人們才容易互相推託責任。在企業裡，尤其要明確責任。

然而在現實生活中，很多人對責任的認知往往容易出現兩種「極端化」情況，要麼是不負責任，要麼就是負不該負的責任。

卡爾是一位新上任不久的經理，他覺得自己做了所有該做的事情。但是，有一天，他的老闆朱迪把他拉到一旁，告訴他事情進行得並不好，此時卡爾怔住了。卡爾一直是一個

表現最出色的人,但現在,他的老闆朱迪告訴他,「你的業績平平」。朱迪說:「我要你去監督和培訓這些人員,而不是對他們進行微觀管理(micromanagement)。」

卡爾心想:我這是微觀管理嗎?我不這樣認為。

卡爾在生產部門工作時,在同事中受到高度的尊敬,因為他對產品的品質有一種本能的直覺。另外,他對加工過程非常熟悉,以至於在品質控制中發現任何問題,卡爾都知道如何解決。

當卡爾被提拔為經理時,老闆朱迪告訴他,今後他的主要職責是完成所需的產品數量,並且告訴他,產品的品質要跟以往一樣好,不能出現任何品質方面的問題。卡爾把這些要求謹記心間,為此,他頻繁地向團隊成員詳細詢問,隨時隨地掌握資訊,以便他能提供具體的建議,並糾正任何可能的錯誤。

當事情在他看來進展得並不順利時,他就會出現在不同工作站的生產線上做一些詳細的指導。卡爾認為這就是管理,而他的團隊成員認為,這是微觀管理,不是他的職責,他越權了。

自己要努力培養勇於負責的工作精神,但並非要我們去承擔過量的責任。「過分」的負責實際上是一種不負責任的表現。古人云「不在其位,不謀其政」。一個人只需要承擔與

第七章　人人負責，打造正能量團隊

自己職責匹配的責任，而不要去擅自承諾自己承擔不了的事情。因為你的過分負責可能會導致有人的不負責；你的過分負責可能會破壞企業的考核體系；你的過分負責也可能會阻礙你本職工作的完成效率和品質。

因此，在我們每做一件主管交辦的任務時，都應該首先問一問自己，我的職責是什麼？我在整個團隊中處於怎樣的地位？我能夠協助大家做些什麼？在工作前做到責權明晰、分工明確，這樣在遇到問題時才不會出現推諉指責、人浮於事的現象。相反，責任的劃分會督促每一個人承擔錯誤、解決問題。

與其抱怨工作，不如負責到底

　　世界著名 CEO 威爾許曾說：「與其抱怨，不如負責來做，所謂負責，更多的是一種工作態度，一種被社會現實打磨出來的面對現實的正面心態。」勇於負責的精神比黃金更珍貴。古往今來，人們都喜歡勇於負責的人。一個普通的員工，一旦將工作中的消極態度轉化為積極態度，並且具備了勇於負責的精神，他的潛力便能夠不斷地得到挖掘，他的能力就能夠得到充分的發揮。

　　而抱怨的破壞力量是巨大的，幾乎可以摧毀一個人的前程，因為習慣抱怨的人總是疏忽自己的職位責任！如果我們放棄了自己應當承擔的責任，或者蔑視自身的責任，這就等於在可以自由通行的路上自設路障，摔跤絆倒的也只能是自己。

　　小為本是某名校的畢業生，但是工作 5 年來，他不僅沒有得到晉升，甚至在金融危機來臨之際，面臨著失業的厄運。是什麼導致了他這樣的境遇？

　　憑心來說，剛進公司的小為是個非常有競爭優勢的年輕

第七章　人人負責，打造正能量團隊

人。但是，他來到這家工廠後，發現現實與自己的理想有落差，對工作、公司產生了抱怨的情緒。他覺得自己的學歷比別人高，能力比別人強，卻屈尊在小廠裡，於是終日喋喋不休，老闆、上司、同事、工作環境等，都成為他抱怨的對象。

在小為的抱怨聲中，同事們漸漸遠離了他，上司也對他產生了看法。而小為卻因此而更加憤恨自己的公司，對待工作漫不經心。5年時間下來，小為的工作能力並沒有提升多少，和同事們的關係卻很僵，上司已經越來越不滿意他的表現了。

一些人總是對自己的工作和環境抱怨不休，他們只知道享受好的工作環境，要高薪和高位，卻抱著消極的態度對待自己的工作。這樣的員工很難擔當大任，永遠不可能在自己的職位上得到進步和發展，甚至可能被淘汰。

抱怨的人很少積極想辦法去解決問題，不認為主動獨立完成工作是自己的責任，卻將訴苦和推卸視為理所當然。聰明的員工明白一旦被抱怨束縛，不盡心盡力，應付工作，輕者影響心情，嚴重者會自毀前程。如果希望改變一下自己的處境，希望自己能夠取得不斷的進步，那麼首先從不抱怨自己的工作開始吧。

索尼（Sony）的筆記型電腦曾經因為設計精巧而在市場

上很暢銷。三星公司（Samsung）為了與索尼公司的經典產品一比高下，決心開發出比索尼產品更輕更薄的新款筆記型電腦。

於是，三星高層要求研發人員按照比索尼公司同類產品「至少薄1公分」的高標準來努力。這在當時看來，幾乎是一個不可能完成的任務，但三星的研發人員經過多次實驗與提升，達成了這個看似不可能完成的任務。

當時主攻技術創新的陳大濟，帶領研發團隊接手了這項艱鉅的任務。當初，正是全球經濟不景氣，其他企業紛紛縮減研發經費之際，陳大濟和研發人員勇敢地承擔起責任，並沒有因為「這是不可能完成的任務」而放棄努力。因為他們知道，如果達成不了比索尼產品「至少薄1公分」的要求，三星筆記型電腦就無法超越索尼，就不可能有三星的強大！對結果負責，對公司的責任感，讓三星的研發人員不斷克服技術難題，成功地達成了在別人看來不可能完成的任務。

電腦公司戴爾看到三星的這些產品後大吃一驚，便趕緊派人到三星採購。為此，三星順利地從戴爾手中得到了160億美元的採購合約，成為全球高階筆記型電腦最大的企業之一。

太多的牢騷只能證明你缺乏能力，無法解決問題，抱怨從來就不是工作的解方。若要做好自己的工作，必須首先拋

第七章　人人負責，打造正能量團隊

棄自己的抱怨心態，從消極轉為積極，對自己的工作負責，最後你就會發現自己才是最大的贏家。

一個人拋棄了抱怨的心態，對工作盡職盡責，才會發掘出自身的潛力，取得優異的業績。而消極對待工作的人，縱然才華橫溢，也會逐漸流於平庸。所以，無論你心中有什麼樣的不滿，都應該保持積極的工作態度和正向思維。所謂正向思維，就是當大家看到困難的時候，人云亦云的時候，你能夠看到不同的東西。

老闆總是喜歡那些解決難題的員工，我們都希望自己成為一個最善於解決問題的員工。要實現這一點，我們首先要拒絕抱怨困難，思考並解決擋在眼前的問題。事實上，當你真正開始著手解決眼前的問題時，問題往往沒有想像中那樣棘手。

1. 正向的心理暗示

正向暗示則發揮與負面暗示完全相反的作用，它有助於安撫人們的心理，平復人們的情緒，使人們樹立自信心，產生戰勝挫折和困難、突破自我的強大動力。所以不管遇到什麼事情，都要學會運用正向的心理暗示來幫助自己。

《不抱怨的世界》(*A Complaint Free World*)一書的作者威爾‧鮑溫（Will Bowen）曾發起一項「不抱怨」運動。他邀請每

位參加者戴上一個特製的紫色手環，只要一察覺自己抱怨，就將手環換到另一隻手上，以此類推，直到這個手環能持續戴在同一隻手上。威爾‧鮑溫闡明了一項很重要的觀點，也就是當你的嘴巴停止表達負面的想法時，你的心裡就會產生快樂的念頭。因為心靈就像一座意念工廠，隨時都在運作，若是負面的想法缺乏市場，工廠就會改組重建，轉而生產快樂的想法。所以，抱怨之前請先想一想：我們是不是真的要用這種「聽覺汙染」，來影響自己和他人？

2. 冷靜思考，認知到自己的責任

當你開始主動承擔責任時，你也就開始做冷靜的思考。你的精力不再盯著外在的東西，而是你的內在。你會覺得內心充滿力量，清楚地感覺到你的目標和發展的方向。你會逐漸喜歡上這樣的自己。一旦你勇於主動承擔責任，那麼你隨即也變得舉足輕重。你可以計劃你的工作，並付諸實踐；翻開日曆，你可以規劃未來的日程安排；你可以把目標分解成一個個可以達成的小目標。放眼未來，未來會更美好。你可以繼續前進，取得成功後制定更長遠的目標，並期望達成。或許你曾經是個埋怨生活的人，但你現在卻是個生活充實、努力奮鬥的人。

3. 多提合理化建議

企業在發展過程中總是會不可避免地產生許多問題，一旦發現公司內部存在一些問題、一些不利於公司發展的不合理情況，員工需要做的不是躲在角落裡埋怨，而是站出來為公司提出能夠解決問題和改善不良狀況的合理化建議。

一家大企業老闆認為：好員工要善於提建議。提建議的前提條件是做好本職工作。只有本職工作做好了，才提得出意見。

分工合作，幫助別人成就自己

有人做過調查，95％的聰明型企業都失敗了，成功的只是5％。這種現象被戲稱為「阿波羅症候群」（Apollo Syndrome），「阿波羅」意為由聰明人組成的團隊，聰明人最大的特點是有自己的主見，但也正是主見惹的禍，每個人堅持各自主見，不願聽取他人的意見，這就造成團隊缺乏協同進取的向心力。

在一次世界盃上，當時，巴西隊成為奪冠熱門，被寄予厚望，因為巴西隊的隊伍中擁有大小羅（Ronaldo、Ronaldinho）、卡卡（Kaká）、阿德里亞諾（Adriano Leite Ribeiro）、羅比尼奧（Robinho）等明星球員，堪稱「五星級」陣容，被媒體稱為「史上最強巴西」的球隊。

在奪冠的道路上，巴西隊遭遇了法國隊，令人始料不及的是，法國隊以一顆點球讓巴西隊止步八強，巴西奪冠夢想再次破滅。

為什麼擁有明星陣容的巴西隊會失敗呢？在賽前，球王比利（Pelé）就曾經表示，他對巴西和法國的相遇有不祥的

第七章　人人負責,打造正能量團隊

預感。羅西對這兩隊的評論可以為比利這種不祥預感加上註腳,羅西說:「這次他們怎麼看都不像一支強球隊,更像一群沒有凝聚在一起的天才球員。」

因為,足球從來不是單打獨鬥的運動,團隊合作,發揮團隊的效能,才有可能在風雲變幻的世界盃賽場上占據優勢。球星們在比賽中並沒能顯示出五星級的實力,核心球員狀態低迷,球員之間各自為戰,整體配合生澀,最終令星光璀璨、實力最強的巴西與冠軍擦肩而過。而法國隊卻能發揮團結合作的優勢,聚集團隊成員的所有力量,最終獲得了勝利。

某家公司的文化體系中,是這樣解釋團隊合作的:勝則舉杯相慶,敗則拚死相救。團隊合作不僅是跨文化的群體合作精神,也是打破部門牆、提升流程效率的有力保障。「勝則舉杯同慶,敗則生死相救」,強調的就是團隊合作精神。正是在這種精神的激勵下,該公司數萬名員工才能做到如臂使指,團結一心地為打造企業而奮鬥不止。

第八章

高效落實,對結果負責

第八章　高效落實，對結果負責

不服從的實質是不負責

軍隊中的所有成員，其權力只來自職位。離開職位，這個職位所賦予的權力就自然被全部解除。既然是個「兵」，就該時刻站在「兵」的位置上；既然是個兵，就必須遵守軍隊中的一個「天條」——隨時聽從指揮官的命令。

服從也是成就傑出職員的第一步。商場如戰場，每個員工都必須服從上級的安排，就如同每個軍人都必須服從上司的指揮一樣。大到一個國家、軍隊，小到一個企業、部門，其成敗相當程度上取決於是否完美地貫徹了服從的理念。

只有懂得服從的職員才有可能成為傑出的職員；只有貫徹了服從理念的機構和企業才能長久地生存和發展。

不管承認不承認，每一個人內心都有過衝撞、反抗上司的想法，那是一種正常的心理反應，但若付諸行動，你不得不為這種反應付出代價。

數年前，伊藤洋華堂的董事長伊藤雅俊突然解僱了功勞顯赫的岸信一雄，這一事件在日本商界引起了不小的震動，就連輿論界也以輕蔑尖刻的口氣批評伊藤。

不服從的實質是不負責

人們都為岸信一雄打抱不平，指責伊藤過河拆橋，將自己「三顧茅廬」請來的岸信一雄解僱，是因為岸信一雄已沒有了利用價值。

在輿論的猛烈攻擊下，伊藤雅俊理直氣壯地反駁道：「秩序和紀律是企業的生命，不守紀律的人一定要處以重罰，即使會因此降低戰鬥力也在所不惜。」

事件的具體經過是這樣的：岸信一雄是從東食公司跳槽到伊藤洋華堂的。伊藤洋華堂從事衣料買賣起家，食品部門比較弱，因此從東食公司挖來岸信一雄。東食公司是三井企業的食品公司，對食品業的經營有著豐富的經驗，於是有能力、有幹勁的岸信一雄來到伊藤洋華堂，彷彿為伊藤洋華堂注入了一劑催化劑。

事實上，岸信一雄的表現相當好，貢獻也很大，10年間將業績提升數十倍，使得伊藤洋華堂的食品部門呈現一片蓬勃發展的景象。

但是從一開始，伊藤和岸信一雄在工作態度和對經行銷售方面的觀念就極為不同，隨著時間的流逝裂痕越來越大。岸信一雄屬於新潮型，非常重視對外開拓，善於交際，對部下也放任自流，這和伊藤的管理方式迥然不同。

伊藤是走傳統保守路線，一切以顧客為先，不太愛與批發商、零售商們交際、應酬，對員工的要求十分嚴格，他讓

第八章　高效落實，對結果負責

他們徹底發揮自己的特長，以嚴密的組織作為經營的基礎。伊藤無法接受岸信一雄豪邁粗獷的做法，為企業整體發展著想，伊藤再三要求岸信一雄改變工作態度，按照伊藤洋華堂的經營方式去做。

但是岸信一雄根本不理會，依然按照自己的方式去做，加之他業績達到水準以上，甚至有飛躍性的成長，這樣一來，充滿自信的岸信一雄就更不肯改變自己的做法了。他說：「公司情況一切都這麼好，說明我的經營路線沒錯，為什麼要改？」

為此，雙方意見的分歧越來越嚴重，終於到了一發不可收拾的地步，雅俊只好下決心將岸信一雄解僱。

這件事情不僅僅是人情的問題，也並非如輿論所說的過河拆橋，而是關係到整個企業的生死存亡。對於最重視紀律、秩序的伊藤雅俊而言，雖然食品部門的業績持續上升，但是他無法容許「治外權」如此持續下去，因為，這樣會毀掉過去辛苦建立的企業體制和經營基礎。

任何一項任務，如果下屬無法無條件地服從上司，那麼在執行過程中就會偏離方向，產生障礙，導致計畫和目標的流產。

經理希勒命巴克將公司新開發的產品推薦給某客戶公司業務部副總經理，並囑咐他一定要親自見到這位叫特里的副

總並與他洽談業務。

這項業務是公司本季度的主攻專案，公司上下都很重視。巴克不敢怠慢，接到命令後即刻出發去了這家公司。

巴克在路上不斷思索著經理的話，心想談業務直接找他們總經理不是更好嗎，為什麼非要找副總經理？他越想越覺得不合邏輯，甚至認為經理有可能是過於重視這件事，結果一著急把話說錯了。他這樣想著便到了這家公司，經過打聽後找到了業務部。

巴克敲了敲門，只聽裡面有人說道：「進來。」巴克推門進去，見辦公室裡只有一個中年男子，他正收拾著一些東西。

巴克很有禮貌地問道：「請問特里先生在嗎？」這人看了看巴克說道：「他不在，有什麼事跟我說吧，我是總經理。」

巴克想起經理的話，本想問一下特里什麼時候能回來，但轉念又一想，既然總經理在這裡，跟他說還不是一樣，何必再等那位特里副總？

於是巴克向這位總經理說明了來意，並開始洽談有關公司新產品的業務問題。沒想到事情竟出奇的順利，總經理聽完巴克的介紹後經過簡短的交涉便立刻同意合作了。

巴克十分驚喜，連連感謝後便回到公司向希勒交了差，說任務成功完成，對方已經同意合作了。

第八章　高效落實，對結果負責

　　希勒沒想到這次進展得如此順利，也感到很高興，還誇獎了巴克一番。幾天後，公司打電話給這家客戶公司，問什麼時候可以簽訂關於新產品的合作意向書。沒想到對方竟全不知情，說並沒有與他們達成過什麼協議。公司立刻詢問希勒到底是怎麼回事。

　　希勒非常奇怪，趕緊去問巴克。巴克也很奇怪，說自己與他們業務部總經理說好的，他當時已經同意合作了，不知為什麼現在卻又否認這件事。

　　希勒大吃一驚，生氣地問巴克：「我不是讓你去找副總經理嗎，你為什麼不找他？」巴克很委屈，辯解說當時辦公室中只有總經理在，自己覺得找總經理也一樣，於是便跟他談了。希勒一聽更加生氣了，大聲說道：「你知道什麼，那個總經理已經被撤職，馬上就要離開公司，接替他位置的是特里，我事先得到消息才讓你去找特里的。」巴克這才知道由於自己沒有嚴格服從命令給公司造成了麻煩，後悔莫及。

　　巴克由於自作聰明，沒有服從命令去找特里，而是找已經被撤職的總經理洽談業務，結果非但沒有完成任務，反而給公司增添了麻煩。他的錯誤提醒我們：身為執行者，應將絕對服從看作自己的第一職責。

　　身為一名員工，如果你為一家公司工作，你就應該要求自己服從公司和老闆的決策。無論什麼時候，你都應該積極

不服從的實質是不負責

主動、不折不扣地去完成上司交給你的任務。

在美國西點軍校，有一個廣為傳誦的悠久傳統，學員遇到軍官問話時，只能有4種回答：「報告長官，是」，「報告長官，不是」，「報告長官，不知道」，「報告長官，沒有任何藉口」。除此之外，不能多說一個字。

這個傳統推崇的是絕對服從的理念。「服從」是美國西點軍校200年來奉行的最重要的行為準則，是西點軍校傳授給每一位新生的第一個理念。它強化的是每一位學員想盡辦法去完成任何一項任務，而不是為沒有完成任務去尋找藉口。秉承著這一理念，無數西點畢業生在人生的各個領域取得了非凡的成就。

第八章　高效落實，對結果負責

負責就是把細節做好

老子曾說過：「天下難事，必做於易；天下大事。必做於細。」意思是說想要成就大事，必須從簡單的事做起，從細節入手。有時候，工作中的細節常常會被我們忽視，或是被認為無關緊要，但決定我們成績和發展的往往是這些不起眼的小事。

越是小事，越能夠顯示出一個人的責任。一位偉人曾經說過：「輕率和疏忽所造成的禍患，將超乎人們的想像。」排除掉一些偶發的重大事故與損失，存在於日常工作中的馬虎輕率更是不勝列舉。

一個員工，如果忽視了細節的重要性，也就失去了責任心，就必然會出現問題。以安全問題為例，隨手丟下一個菸頭，可能會引起一場毀滅性的火災；忽視一顆鬆動的螺絲釘，可能會造成一場慘烈的車禍；工作時沒有戴好安全帽或是沒有繫好安全帶，可能會導致被高空墜落物擊中而喪生⋯⋯可見，不重視細節，就可能失去一切。

1. 用心做事

　　用心就是將每件事情的著力點放在每一個環節、每一個步驟上，不心浮氣躁，不好高騖遠；就是從一件一件的具體工作做起，從最簡單、最普通的事情做起，特別注重把自己職位上的事情做精做細，做得出色，做出成績。

2. 重視過程

　　麥當勞的總裁弗雷德‧透納（Fred Turner）把麥當勞戰勝競爭者歸功於細節的落實，為了貫穿這一想法，麥當勞始終不斷地把各種流程細節化，編寫了《麥當勞操作手冊》，這本書是他們把細節管理做到極致的展現。

　　這本書包含了麥當勞所有服務的每個過程和細節，例如「一定要轉動漢堡，而不要翻動漢堡」，甚至詳細規定了賣奶昔的時候應如何拿杯子、如何開關機器、如何裝奶昔等所有程序步驟，麥當勞現在還在不斷地改進和增加這本書的內容。現在，麥當勞的每一家連鎖店都嚴格按照這本書操作。

　　在工作中，任何一個環節出了問題，都會影響整項工作的順利實行，因此，我們一定要養成重視小事、認真細緻的工作作風，對身邊的每一件小事、每一個細節都負起自己的責任。

第八章　高效落實，對結果負責

　　一般而言，看不到細節與小事，或者對細節與小事不重視的人，對工作也缺乏認真的態度，對事情大都是敷衍了事。而關注細節、重視小事的人，不僅能認真對待工作，將小事做細，並且還能在做事的細節中找到機會和經驗，從而使自己走上成功之路。

不落實的責任是無效責任

一部法典,無論它寫得如何公正,如果不執行,也絕對不能預防罪惡的發生;一本食譜,無論它寫入多少山珍海味,如果不端上桌面,也解決不了任何人的飢餓問題,還不如幾口粗茶淡飯來得實在⋯⋯

拿破崙曾經說過:「想得好是聰明,計劃得好更聰明,做得好是最聰明!」只有把責任真正落實的人才能說自己對企業負了責任;沒有落實的責任就是無效責任,等於不負責任。

「做事落實不到位」只是簡單的幾個字,卻道出了我們做不好事情的關鍵。任何工作,如果不重視落實,那麼,一切都會變得空而無用。

看到工作,立刻去做,馬上執行是我們高效完成工作的根本。因此,我們做工作,既不要拖沓,也不要空想,切實地行動起來,並付出自己百分之百的努力。切記要求已明、方向已定,最重要的是馬上行動、高效落實。

第八章　高效落實，對結果負責

證明責任，用結果說話

每一位團隊成員都有責任盡力為團隊創造業績。比爾蓋茲說過：「能為公司創造結果的人，才是公司最需要的人。」

許多團隊可能都遇到過這樣的問題：看上去很好的市場策略卻無法取得較好的市場效益；不管自己多麼努力，都無法取得好的業績……其實，對任何一個團隊來說，不管確定了怎樣的策略和目標，不管為此付出多少努力，最重要的就是出結果。結果決定一切，沒有結果，一切都是空談。

認準結果，一切行為都向著結果而為，結果決定著一切。不論團隊成員之間的關係多麼融洽，團隊中有多少歡聲笑語，拿不出業績，做不出結果，也無法成為正能量團隊。正能量團隊一定是一個能夠拿出漂亮成績的團隊，能夠拿出成果的團隊。

結果是所有行動的終點，但同時，也應該成為行動的出發點。只有盯著結果去做，才能夠真正證明團隊的價值。只有做出結果，才是對決策的英明、員工的執行力以及團隊的凝聚力做出了最棒的註腳。

對於每一位團隊成員來說，結果就是自己的業績。業績是工作能力最有說服力的證明，業績好，團隊肯定會想方設法地留住他；業績不好，那麼他就會成為團隊準備淘汰的對象。

結果是檢驗成敗的唯一標準。在這樣一個憑實力說話的年代，講究能者上庸者下，沒有哪個老闆願意養一些無用的閒人。團隊成員不管多麼辛苦忙碌，一旦缺乏效率、沒有結果，一切辛苦皆是白費，一切付出均沒有價值。

結果導向首先強調的是站在結果的角度思考問題，這是結果導向的核心。只有先考慮了結果的要求，才能做到以結果為導向，否則就是一句空話。具體來說，「結果導向」有以下幾層含義：

第一，以達到目的為原則。

第二，以完成結果為標準。

第三，在工作和目標面前，沒有「人性」可言，因此再大的困難也要「拚」！

第四，「管理不講情」，在目標面前沒有體諒和同情可言，對部下的體諒最後不過是遷就而已。

第八章　高效落實，對結果負責

責任心是最高的工作標準

　　高標準、嚴要求，就是追求卓越、追求完美的落實力。一個人成功與否往往在於他是否做任何事都力求做到完美。成功者無論從事什麼工作，都絕對不會輕率和疏忽，崇尚務實。因此，在工作中我們應該以最高的標準要求自己，能完成100%，就絕不只做99%，盡可能地把工作做得比別人更快、更準確、更完美。

　　對於員工來說，以最高的標準要求自己，崇尚務實，就意味著做到讓客戶百分百滿意，讓客戶感受到超值的服務。這是卓越員工工作的唯一標準。這樣的標準在實際工作中，一方面可造就優秀的員工，另一方面可造就成功的企業。

　　陳琳是花旗銀行的一名普通員工，雖然只是一名大專生，但她做得並不比公司的博士生遜色，在工作中，她時刻用高標準的行動來保持優秀的狀態。

　　一天，一個客戶來取一筆存款，陳琳發現那張定期存款單還有幾天才到期，如果提前領取將損失一大筆利息收入，於是就提醒了這位儲戶。但這位儲戶說，自己也是沒辦法。

責任心是最高的工作標準

因為他預訂的房屋已到了繳款期限。陳琳又問清楚了他訂房的房地產,開發商的付款方式,並檢視了相關政策,為他設計了一套更合理的繳款方式,這位儲戶對陳琳大為感激,同時也驚嘆於陳琳精明的理財頭腦和為儲戶著想的認真負責的工作態度。

後來,一家報社的記者採訪撰寫的一篇關於陳琳的報導登上了報紙頭條,原來這位儲戶是這家報社的主編。銀行經理趁勢而為,利用陳琳的知名度組建了理財工作室,順應社會上開始出現的投資理財需求,加上她的名字所產生的品牌效應,這家理財工作室在全市儲戶中享有廣泛的聲譽。陳琳理所當然地成了負責人之一,事業可謂是平步青雲。

因為陳琳一直對自己的工作有一個高的標準,所以事事做得比其他人更周全和經得起考驗,最後完美辦好公司交給她的任務。也正因為這種高標準的務實要求,她獲得了事業上的成功轉折,躋身優秀者的行列。

優秀員工與普通員工的區別就在於此。優秀員工總以最高的規格要求自己,盡可能地把工作做得比別人更快、更準確、更完美,動用自己的全部智慧。在工作中,我們只有以高標準、嚴要求來督促自己,盡一切可能帶給老闆滿意的結果,才能成為一名優秀員工。

楊佳是某家超市的一名普通收銀員。

第八章　高效落實，對結果負責

「看她收銀，簡直就是觀賞一次高水準的表演！」顧客們都這麼誇讚楊佳。她登錄條碼的速度之快，令人眼花撩亂；操作鍵盤時，只見手影不見手指；點鈔的快速與準確更是讓人驚嘆。超市特地為她開設了冠軍通道──楊佳快速收銀通道。

行行出狀元！然而，狀元也是努力練出來的，在超市和在家中處處留下了楊佳勤學苦練的身影。在超市，她每天都在「閒逛」，熟悉每件商品的條碼的位置，以便一接到商品就能迅速找到條碼；為準確、快速收銀，她常常利用休息時間苦練點鈔技術。

功夫不負有心人，她掌握單指單張、一指多張、五指連張等各種花樣點鈔法；條碼登錄，她從兩指登錄到五指並用，從 1 分 59 秒提升到了 1 分 50 秒能準確登錄 50 個 13 位數的編碼，刷新了這一行業的紀錄。

俗話說：臺上一分鐘，臺下十年功。楊佳以高度責任心和高標準對待工作，把所有要求做好，在工作上所取得的成績令人驚嘆，而背後凝結的是她的勤奮與努力以及對自己所從事職業的熱愛。

身為員工，只有為自己制定了一個高的標準，並在工作中不斷地嚴格要求，我們才能使我們的工作不斷地得到跟進，並最終達到一個新的高度。

責任心是最高的工作標準

然而,最嚴格的標準和要求其實往往不是由別人所設定的,而應該是自己所設定,任何一個團隊為了完成任務,都會對員工提出嚴格要求,但其實最嚴格的執行靠員工自己。當然,嚴格要求自己並不只是一個口號、一個動作,而是要充分發揮主觀能動性與責任心,盡一切努力把工作落到實處。

如果你是一個渴望得到重用的員工,如果你希望讓你的老闆覺得你是不可取代的,那麼,你就一定要在內心為自己設定一個高標準,在企業需要的時候主動站出來喊一聲「這件事我能辦好」,並在工作的實踐中對自己、對工作的每一個細節進行嚴格要求,從而為企業創造更多價值,給自己帶來更多發展。

第八章　高效落實，對結果負責

提升和改進工作是在擔責

一桶新鮮的水，如果放著不用，那麼，它肯定不久就會變臭；而我們的工作也是一樣，倘若每天都按部就班地去做，那麼，我們的工作也不會有大的進展。因此，每個員工都必須在每天的工作之中有所改進。這也是一種不懈進取的精神，而在我們的職場中，進取精神又顯得尤為重要和可貴。因此，從今天開始，從此刻開始，用一顆進取的心來改進你的工作吧。

美國富蘭克林人壽保險公司前總經理貝克曾經這樣告誡他的員工：「我勸你們要永不滿足。這個不滿足的含義是指上進心的不滿足。這個不滿足在世界的歷史中已經促成很多真正的進步和改革。我希望你們絕不要滿足。我希望你們永遠迫切地感到不僅需要改進和提升你們自己，而且需要改進和提升你們周圍的世界。」

一位壽險公司的業務員工作前過著極為普通的生活，加入壽險公司後，他很努力，規定自己每個月訪問100位客人。他總有一些機會接觸到大人物——大多是公司總經理級

提升和改進工作是在擔責

人物，於是他想方設法抓住這些大客戶。

雖然他每次在拜訪這些大人物前，多少有些緊張，但當他和這些大人物會面時，緊張感就立刻消失，而且盡量投其所好，尋找對方有興趣的話題。每次拜訪這些大人物之後，業績總是遠比拜訪那些小客戶要好得多。

一個窮酸小子就這樣成了職場成功人士，他也成功地贏得了老闆的青睞。於是，他開始不那麼拚命了，儘管他完全有能力去說服更多的大客戶購買他的保險，但由於他不常去拜訪客戶，所以一年內，他只談成兩三筆大生意。然而，他還沒有意識到事態的嚴重性。日子就這樣一天天過去了，一年後，他的名字從公司榮譽榜移到即將被裁的名單中。

由此可見，若要在職場中長期生存，就要用責任意識不斷提升自己，永不滿足現狀。不思進取、缺乏責任的員工不但得不到發展，遲早會在日益激烈的工作競爭中被淘汰。

知道「物競天擇，適者生存」進化論觀點的人應該不少。什麼叫「物競天擇，適者生存」？說得通俗一點，就是人類也好，生物也罷，都需要透過不斷的進化、不斷的進取，才能獲得生存權、發展權，否則就有可能面臨出局的危險。

事實上，在生活、工作中，即使沒有狂風大浪，你所處的境況每時每刻都在變化，安於現狀只能是一廂情願的夢

第八章　高效落實，對結果負責

想,當你從夢中醒來時,你會發現原來所擁有的一切,都已經隨風而逝。因此,你必須時刻提醒自己要主動變化。所以,在日常生活中我們要做到以下幾點:

(1) 具備和企業共同進步的意識。身為員工,只有和企業共同進步,才能夠在企業中長久地生存。

(2) 質疑自己的工作。質疑自己的工作是不安於現狀的開始,是一種高度負責的精神,而這種精神將支持我們創造輝煌。

(3) 適時地和自己較勁。和自己較勁的員工,才能在不斷地努力和打拚中為改變自己的命運爭取到更大的舞臺。

第九章

愛企如家,做企業的主人

第九章　愛企如家，做企業的主人

企業如家，企業的事就是我的事

如果每一個人都有主角精神，都把公司的事情當作自己的事來做的話，公司無形當中會形成很大的競爭力。大家會把所有可能的成本，包括資訊成本、合約成本、監督成本、實施成本，都大幅度地下降，還可以把一個人的潛能大幅度地提升。

即使自己是一名普通的員工，也應該把企業的事當成自己的事來做，要知道大家同在一條船上，企業的生死存亡與每個人的利益息息相關。

只有把企業的事當作自己的事來做，才能做到事必躬親、兢兢業業，也才能對企業真正負起責任來，讓個人和企業得到共同發展。

你的責任心，就是安全門

任何時候，任何地方，任何環境下，責任永遠是做好工作的首要因素，安全更是如此。一旦責任心缺失，安全就不可能再有保障，事故也就不可避免。這樣的例子不勝列舉。

2011年7月10日，俄羅斯韃靼斯坦共和國窩瓦河河段發生沉船事故，造成100多人死亡或失蹤。根據相關單位的初步調查結果和俄媒體透露的消息顯示，除天氣原因、交通工具老化外，從業人員責任心缺失以及監管部門不作為，是造成此次重大災難事故的重要原因。

俄羅斯媒體還認為，嚴重超載和責任心不夠是釀成這次慘禍的原因之一。據悉，事發前這艘船上共載有208人，而這艘船的設計載客能力是120到140人，存在嚴重超載現象。

另外，相關調查和媒體報導都指出，這艘船在出發時就出現船體向右側傾斜約4度的情況，其主要原因是右側油箱加滿了油，而左側油箱是空的。俄運輸部門官員認為，這是船長的直接責任。

第九章　愛企如家，做企業的主人

俄羅斯媒體認為，旅遊專案的經營者利欲薰心也是造成事故發生的原因之一。他們為了賺錢，根本不考慮遊客的生命安全，在明明知道存在安全隱患的情況下，還執意讓這艘船承擔營運業務。

這起事故就是典型的安全責任心不強而造成的慘痛事故，船長、船員、旅遊專案經營者等從業人員和監管人員責任心喪失讓事故不可避免地發生了。

工作中，為了自己，為了他人，一定要消除一切不安全行為，消除一切安全隱患，將自己的安全責任落實到位。

責任心是安全生產的基石，責任決定安全，所以，每一個員工時時把安全放在心上，著力提升自己的安全意識責任心，把安全責任當成自己的職業使命。只有這樣，才能防範工作中的安全隱患，確保生產安全，產品安全，品質安全。

防火牆出了漏洞，病毒就會乘虛而入，事故隱患就如同電腦裡的病毒。工作中，如果我們責任心強，認真履行自己的安全職責，就能夠及時發現工作中存在的事故隱患，把事故消滅在萌芽狀態，從而避免事故的發生。只有消除事故隱患這些病毒，企業這臺電腦才能正常執行。

隨著社會經濟的發展，一個成熟的社會、一個成熟的團體、一個成熟的企業、一個成熟的個人，都應該有良好的責

任意識。沒有了責任意識，一切原則、制度只能成為裝飾品，所有基礎工作只會流於形式，任何細小的安全隱患都有隨時「發作」的機會。責任就是安全的最後一道保險，強烈的責任心能確保生產安全、產品安全、服務安全。

1. 不要置身事外

不要以「這不是我的職責」、「主管沒要求我這麼做」為理由推卸責任，置身事外，而應該抱著「公司的事就是我的事」的信念，為公司的發展著想。

如果你是公司的一名貨運管理員，當你發現發貨清單上有一個看似與自己職責無關的錯誤時，你該如何處理呢？如果抱著「反正不是我的錯」的心態，敷衍應付，到真的釀成大禍時，你也同樣擺脫不了責任。

2. 不違章作業

違章作業主要是就現場操作的員工而言，如下行為都屬違章作業：不遵守施工現場的安全制度，進入施工現場不戴安全帽，高處作業不繫安全帶和不正確使用個人防護用品；擅自動用機械、電氣設備或拆改挪動設施、設備；隨意爬腳手架和高空支架等等。

3. 不違反勞動紀律

不同行業制定的安全生產工作條例都對勞動紀律做出了嚴格、明確的規定，如果在生產工作中違反了有關勞動紀律的規定，並導致不良後果，就會受到應有的處罰。

安全工作是一項長期的工作，來不得半點馬虎和鬆懈，更不能只是做做樣子。當和平與發展成為時代的主題時，安全則變得更為重要，和平安寧的生活需要安全，經濟的騰飛需要安全，時代的發展更需安全。我們應該把安全預防工作落到實處，形成制度化，做到人人監督，各負其責。

為公司小氣，節約的都是利潤

思科作為一家大名鼎鼎的公司，它的節約到了近乎「小氣」的程度。公司董事長約翰‧摩格里奇（John Morgridge）最常說的一句話就是「花思科的錢，要像花自己的錢」，這正展現了節約的理念。

思科公司成立於 1984 年 12 月，從誕生之日起就倡導節儉的理念，並努力將這種理念塑造成思科的企業文化，印刻在每一個思科員工的頭腦中。思科的節儉總是見縫插針、無處不在。

在思科總部的一間辦公室裡，有一幅從報上剪下的漫畫非常醒目地懸掛著。漫畫共分為 3 幅：第一幅畫的是，下邊的人張大嘴巴問上面的人：「不是已經規定了出差的伙食費控制在 10 美元之內了嗎？為何會超標？」第二幅畫的是，下邊的人還在對上面的人發怒：「早就和你說過了，開車時順手帶一隻鴿子，到旅館後用電熨斗把毛燙掉吃下去，省點錢。怎麼不照辦？」第三幅畫的是，被吊在上邊的人小聲地嘟囔道：「我確實照辦了，但電熨斗燙毛的速度太慢。」站在下邊的人

第九章　愛企如家，做企業的主人

生氣地大喊：「那為何不把它調到最高溫呢？」在漫畫旁邊還附有解釋，這名被吊在天花板上的人代表的是思科的員工，那名位於下面的憤怒者便象徵著思科的總裁約翰‧摩格里奇。思科近乎「小氣」的節儉理念，在這幅生動的漫畫中表現得淋漓盡致。

在這個充滿競爭的時代，幾乎所有的企業都將面臨或正面臨著微利的挑戰。微利時代的到來是大勢所趨，經濟全球化也使得企業之間的競爭日益激烈，企業面臨的生存形勢也日益嚴峻。

對於一個企業來說，經營的最終目的就是賺得利潤，因為只有利潤才是企業生存的關鍵。然而企業的利潤又和成本密切相關。如今，有效地降低營運成本已經成為多數企業競相追逐的目標。因此，在利潤空間日趨狹窄的情況下，誰的成本低，誰就可以獲得生存和發展。

每一名對企業有責任感的員工，都會把企業當成自己的家，會盡最大努力完成自己的每一項工作，把浪費降低到最低限度，小心使用設備和服務設施，高效率地利用好自己的時間。這樣，不論是開動一臺機器，還是進行一次工廠服務，或者是在辦公室繕打一封信件，他都會最大限度地節約每一分錢。

為企業節約每一分錢是企業對員工的基本要求，也是員工的責任，若要成為一名優秀的員工，更應視節約為己任。

為公司小氣，節約的都是利潤

只有懂得節約的人才能不斷積蓄財富，並創造財富。致富之道，貴在「勤儉」、「節約」兩個詞。當用則用，當省則省。否則，縱然有天大的賺錢本領，也不夠自己「花」的。

合抱之木，生於毫末；九層之臺，起於壘土；千里之行，始於足下。大凡百萬富翁、億萬富翁都是從幾百元、幾千元起家的，都經歷了聚少成多、勤儉節約的歷程。由此可見，節約不只是一種行為方式，更是成功的一種品格。反過來講，也正是這種一分一毫的珍惜，才能夠成就他們在事業上的成功。

所以，對於員工來說，節約就在身邊。養成少用一滴水、節約一度電的習慣是非常重要的，而這也並不難，只需把身邊的小事做好就行：

(1)下班後記得關電腦、飲水機、印表機、冷氣等電器；

(2)如果室外照明夠用就關閉辦公室的燈；

(3)盡量實現無紙化，節約用紙；

(4)洗完手之後記得關水。

節約是責任心的展現，節約是一種傑出的能力。在市場競爭以及職業競爭日益激烈的今天，只有杜絕浪費、保持勤儉的企業，才能在市場中游刃有餘；也只有懂得對企業節約的員工，才能在職場中脫穎而出。

第九章　愛企如家，做企業的主人

讓客戶認可，維護好企業形象

按讚已成為當今時尚，包括 FB、IG 等在內，很多網路社群現在都有「按讚」功能。如何讓企業獲得更好的市場認同和美譽度，從而得到消費者更多的按讚呢？一位豐田（Toyota）員工給了我們答案。

在一個雨天，豐田員工基德下班回家，發現一輛豐田轎車的雨刷失靈了，車主正在修理。或許是麻煩比較大，車主放棄了自己修理，而到路邊去詢問周圍有沒有近一點的修理站。

而此時，基德直奔那輛豐田轎車，拿出工具進行修理。車主返回時，誤認為基德是偷車賊，差點報了警。解釋清楚之後，基德在雨中將汽車雨刷修好了，並且拒絕接受車主給的小費。豐田員工的這種敬業精神深深打動了車主。

就在這之後的一天，基德在回家路上，突然發現公司生產的又一輛小汽車停靠在路邊，車上濺了一些泥點。基德馬上走過去掏出手帕仔細地擦起來。此時，一位警察覺得奇怪，走過來問：「這是你的車嗎？」

「不是！」這位員工回答說。

「那你為什麼在這裡擦別人的車？」

「因為我是豐田人，這輛車是我們生產的！」

一時之間，豐田公司的美譽傳遍整個日本。

基德在工作之餘也時刻牽掛著自己的企業，不忘自己是豐田人，在他看來，企業形象就好比自己的顏面，不允許它存在瑕疵。從故事中我們看到的是一個熱愛工作、熱愛企業的員工，一個把企業形象與自身榮譽緊緊融為一體的優秀員工。

形象，是一個企業最重要的無形資產。形象好的企業，門庭若市；形象差的企業，門可羅雀。企業的形象往往決定了企業的發展前景。如果一個企業在客戶心目中惡名昭彰，那它離破產已經不遠了。身為一名員工，我們有責任抓住一切時機為企業多做宣傳，努力提升企業的知名度和美譽度。

身為員工，我們做的每一件事都和企業形象連繫在一起，員工在保持一份自豪感和榮譽感的同時，更要意識到肩負的責任，更要自覺維護企業的形象。

員工的一舉一動，無不在外人的眼中影響著企業的形象，員工的形象也就是企業的形象。特別是在客戶的眼裡，員工給客戶的感覺猶如企業給客戶公司的感覺，員工的談

第九章　愛企如家，做企業的主人

吐影響著企業的信譽。一個員工如果沒有維護企業形象的意識，他肯定是一名不合格的員工。

美國紐奧良市的一家有線電視公司中有一位年輕的工程師，名叫布萊恩‧克萊門斯，他的工作地點是在郊區。有一天早上，布萊恩到一家器材行去購買木料。正當他等待切割木料的時候，無意中聽到有人抱怨公司的服務差勁極了。那個人越說越起勁，結果有八九個店員都圍過來聽他講。

布萊恩當時有好幾種選擇。那時他正在休假，自己還有事情要做，老婆又在等他回家。他完全可以置若罔聞。可是布萊恩卻走上前去說道：「先生，很抱歉，我聽到了你對這些人說的話。我在你說的這家公司工作，你願不願意給我一個機會改善這個狀況？我向你保證，我們公司一定可以解決你的問題。」那些人臉上的表情都非常驚訝。布萊恩當時並沒有穿公司的制服，他走到公用電話旁，打了個電話回公司，公司立即派出修理人員到那位顧客家中去等他，幫忙解決問題，直到他心滿意足。後來布萊恩還多做了一步，他回去上班後，還打了個電話給那位顧客，確定他對一切都很滿意。事後公司負責人高度讚揚了布萊恩，並呼籲公司全體員工向布萊恩學習。

身為企業的一名員工，不管走到哪裡，始終都要記得自己是什麼企業的員工，記得維護公司的形象，這是身為公司

員工的基本職業道德！如果四處誹謗企業，挖空心思諷刺企業的管理人員，這不僅顯得該員工素養低下，更證明了該員工目光短淺。只有企業發展了，員工的薪資待遇才能更上一層樓；只有企業的社會聲譽提升了，員工才會對企業有認同感。

任何企業都有一個屬於自己的獨特形象：或卓越優異，或平凡普通；或真善美，或假惡醜；或美名遠颺，或默默無聞……良好的企業形象可以使企業在市場競爭中處於有利地位，受益無窮；而平庸乃至惡劣的企業形象無疑會使企業在生產經營中舉步維艱，貽害無窮。企業形象不僅靠企業各項硬體設施建設和軟體條件開發，更要靠每一位員工從自身做起，塑造良好的自身形象。因為，員工的一言一行直接影響企業的外在形象，員工的綜合素養就是企業形象的一種表現形式。

員工走出公司的一舉一動，無不影響著企業在外人心中的形象，員工的形象也就是企業的形象。特別是在客戶的眼裡，員工給客戶自信的感覺猶如企業給客戶公司有實力的感覺，員工的談吐也影響著企業的信譽。如果員工在與客戶溝通的時候滿口髒話，客戶對這個員工所講的話就要產生懷疑，同時客戶可能對企業也有看法。如果客戶說，你們公司管理很差，而員工也跟著說是啊，我也覺得難受，那就完蛋

第九章　愛企如家，做企業的主人

了。相反，如果員工說，其實不是這樣的，我想你是不太了解我們公司，只要你了解了，就一定會欣賞我們公司的。兩個不同的回答，前者使公司形象更糟，而後者則能挽回一定的形象！客戶以前或許對這個公司有誤解。但是透過這個員工的努力挽救，則能抹去不良印象。

總之，維護公司形象是每一位員工不可推卸的責任，無論你出自哪方面考慮，都應該把公司看作自己的家一樣，全力維護它的形象。

為企業營利,業績才是硬道理

營利是任何一家公司的根本目的。創造最大的財富,是公司老闆和所有員工最為一致的目標。身為員工,一定要把為公司創造財富當最大的責任。

尤其是業務部門的員工,要時刻思考怎樣抓住商機、怎樣開拓市場、怎樣擴大產品宣傳;要時刻思考自己的工作行為到底與公司營利這個大目標有多少距離;要時刻思考自己為公司創造財富的確切數量。將為公司創造財富當作自己的職責,以此為目的,全力以赴。

績效是檢驗責任心的標準,能帶來業績的員工是公司最寶貴的財富。一個員工若要獲得長期發展,就要意識到自己的責任,並透過行動將責任轉化為業績,在自己的工作範圍內把該做的都做好。明確自己的責任,認真對待責任,是提升工作績效的前提。

責任與績效之間存在著一種正向關係。當一方提升時,另一方也隨之提升;反之,當一方下降時,另一方也隨之下降。所以,在一個企業中,要提升工作績效,首先應提升員

第九章　愛企如家，做企業的主人

工的責任意識。「責任保證績效」，著名管理大師杜拉克這麼認為。很多企業的管理者也都從這句話裡悟出了提升績效的根本所在。

一個企業，生存的條件就是創造利潤，有利可圖是一個企業營運的意義和目的。對於在企業工作的員工來說，工作是謀生的方法，只有透過工作，為企業創造價值，使企業營利，員工才能獲取報酬，才能有穩定的生活保障。

老闆在成立一家公司的時候，必須投入一定的資本。資本的本性就是攫取利益，或者是使公司利益最大化。所以，身為公司裡的一名員工，就要為公司創造利潤，如果一個人無法在自己的位置上為公司創造利潤，那麼他也就沒有在這個位置上待著的必要了，就會被替換。

無論競爭多麼激烈，公司總有一個職位永遠缺人，缺真正能為公司和員工營利的人。

美國惠普公司創始人比爾・惠利特((Bill.Hewlett)和大衛・普克德(David Packard)強調：只有在員工為公司創造出豐厚利潤的條件下，他們的獎金和工作才能得到保障。公司只有達成了營利，才能把營利拿出來與員工分享。

今天的商業社會還處於一個「利潤至上」的階段，每一家公司為了生存和發展也不得不秉承這一原則。在這樣的階段

裡，千萬不要以為只做一名「聽話」的員工就夠了，因為這僅僅是最低層次的要求，想方設法為公司創造財富才是最重要的。因為公司請你來，就是希望你能把創造利潤作為自己最重要的目標，能夠為公司創造價值。

公司利潤大小關係著個人收入的多少，而幸福美滿的家庭生活需要經濟的支撐和保障，可以說每個人、每個家庭的命運都和公司的命運緊密相連，所以，盡心盡力為公司營利，就是為自己創造美好生活。

國家圖書館出版品預行編目資料

責任型思維，從態度到結果的成功哲學：習慣養成 × 左腦意識 × 專注細節 × 主動思考……九大核心概念，探討成功者的必備修養 / 楊宗華 著. -- 第一版 . -- 臺北市：沐燁文化事業有限公司，2025.02
面；　公分
POD 版
ISBN 978-626-7628-46-1(平裝)
1.CST: 成功法 2.CST: 責任
177.2　　　　　　　114000814

責任型思維，從態度到結果的成功哲學：習慣養成 × 左腦意識 × 專注細節 × 主動思考……九大核心概念，探討成功者的必備修養

作　　者：楊宗華
發 行 人：黃振庭
出　版　者：沐燁文化事業有限公司
發　行　者：崧燁文化事業有限公司
E-mail：sonbookservice@gmail.com
粉　絲　頁：https://www.facebook.com/sonbookss/
網　　址：https://sonbook.net/
地　　址：台北市中正區重慶南路一段 61 號 8 樓
8F., No.61, Sec. 1, Chongqing S. Rd., Zhongzheng Dist., Taipei City 100, Taiwan
電　　話：(02) 2370-3310　傳真：(02) 2388-1990
印　　刷：京峯數位服務有限公司
律師顧問：廣華律師事務所 張珮琦律師

-版權聲明-

本書版權為石油工業出版社所有授權沐燁文化事業有限公司獨家發行繁體字版電子書及紙本書。若有其他相關權利及授權需求請與本公司聯繫。
未經書面許可，不得複製、發行。

定　　價：299 元
發行日期：2025 年 02 月第一版
◎本書以 POD 印製
Design Assets from Freepik.com